航海科普系列丛书

船舶机电

CHUANBO JIDIAN

编著 ● 李可顺　赵俊豪　薛黎明　李国进

大连海事大学出版社

DALIAN MARITIME UNIVERSITY PRESS

图书在版编目(CIP)数据

船舶机电 / 李可顺等编著. — 大连：大连海事大
学出版社, 2024.6
（航海科普系列丛书）
ISBN 978-7-5632-4319-8

Ⅰ.①船…　Ⅱ.①李…　Ⅲ.①船舶机械—普及读物②
船用电气设备—普及读物　Ⅳ.①U664-49②U665-49

中国版本图书馆 CIP 数据核字(2022)第 255046 号

大连海事大学出版社出版

地址：大连市黄浦路 523 号 邮编：116026 电话：0411-84729665（营销部）84729480（总编室）
http://press.dlmu.edu.cn　E-mail:dmupress@dlmu.edu.cn

大连金华光彩色印刷有限公司印装　　　　　　大连海事大学出版社发行

2024 年 6 月第 1 版　　　　　　　　　　2024 年 6 月第 1 次印刷
幅面尺寸：170 mm × 240 mm　　　　　　　　　　　印张：9.75
字数：177 千　　　　　　　　　　　　　　　印数：1~1000 册

出版人：刘明凯

责任编辑：王　琴　　　　　　　　　　　　责任校对：张　慧
封面设计：解瑶瑶　　　　　　　　　　　　版式设计：解瑶瑶

ISBN 978-7-5632-4319-8　　　　定价：58.00 元

总　序

习近平总书记指出，"科技创新、科学普及是实现创新发展的两翼，要把科学普及放在与科技创新同等重要的位置"。海洋孕育了生命、联通了世界、促进了发展。"强于天下者必胜于海，衰于天下者必弱于海"，国家的兴盛与航海事业的发展密不可分。传承蓝色文化基因，教育引导青少年了解航海、热爱航海，是建设海洋强国、航运强国的重要举措。近年来，《中华人民共和国科学技术普及法》《关于新时代进一步加强科学技术普及工作的意见》《交通运输部关于加强交通运输科学技术普及工作的指导意见》《教育部办公厅 中国科协办公厅关于利用科普资源助推"双减"工作的通知》等法律和政策的出台，为新时代开展航海科普工作提供了遵循。

大连海事大学是中国著名的高等航海学府，是"享有国际盛誉"的海事院校。作为"航海家的摇篮"，普及航海科技知识、传承弘扬航海文化，是学校一直以来肩负的社会责任。建校百余年来，学校赓续航海文脉，着力打造新时代创新发展的"科普之翼"，沉淀结晶出一批一流的科普基地和作品，为开展航海科普教育奠定了坚实基础。

长期以来，学校不断加大优质科普作品资源供给，并集中优势力量策划、编写和出版"航海科普系列丛书"（以下简称丛书）。丛书由持有船长和轮机长证书的教授或业界专家编著，以海洋、航海、船舶、货物运输、港口、海事安全、航海叙事等为模块有机组合，将科技、历史、战争、贸易、艺术等融合其中，很好兼顾了政治性、思想性、科学性、实用性、通俗性、启发性和趣味性。丛书可用于面向公众尤其是青少年普及航海科技知识，提高大众航海科技文化素质，亦适合作为海事相关院校通识教育课程教材，还能为相关人士了解行业背景、获得行业知识提供有益参考。

丛书在策划、编写和出版过程中，得到了招商局集团、中国远洋海运集团、华洋海事中心有限公司、海丰国际控股有限公司的专业指导和鼎力相助，并由大连海事大学出版社进行审校和出版，保证了丛书的编写和出版质量，在此一并致谢！丛书在编写过程中，借鉴和参考了海事相关书籍和网络相关素材，在此向原作者表示感谢！

1

立足新时代,航海科普是充满光荣和梦想的远征。希望丛书的陆续出版,有助于协同构建航海科普共同体,推动航海科普与人才培养、科技创新深度融合发展,为国家、民族及行业孕育新希望,为服务加快建设海洋强国、航运强国贡献新的力量。

大连海事大学校长

2023 年 12 月

前　言

　　船舶一艘现代化船舶就是一个现代化工业技术成就的集合,是一座可以在水上移动的"现代化城市",它能够自如地在水上航行,有着顽强的生命力,能抵御各种复杂多变的外部环境和自身可能产生的危险,适合人员居住和生活,能完成各种特定的作业。轮机正是产生机械能、热能、电能和其他形式的能,以满足船舶需要的能源中心或动力场。轮机是一个动力机械类性质的系统工程,不能把轮机理解成在机舱中或甲板上的各种机械设备的简单组合。轮机工程是为满足船舶的各种功能,把各种设备或部件结合进各种系统的系统工程。随着科学技术的进步以及船舶在功能上向着多样化、专业化和完善化的方向发展,船舶机电设备和系统将越来越复杂,功能也将越来越完善。

　　本书共分十一章:第一章阐述轮机的含义和组成,并介绍了船舶动力的发展;第二章讲述了船舶推进装置的组成、船舶柴油机的发展和控制;第三章介绍了船舶动力管系和通用管系;第四章介绍了机舱常见的应急动力设备及其作用、消防设备及其作用和救生设备及其作用;第五章介绍了液压舵机、起货机、锚机、绞缆机和减摇装置等甲板机械;第六章介绍了船舶锅炉的分类和作用;第七章介绍了船用真空沸腾式造水机的工作原理和造水过程;第八章介绍了船舶伙食制冷系统的组成、工作原理以及船舶空调系统的组成;第九章介绍了船舶防污染公约的发展历程,并对船舶含有污水、船舶生活污水、船舶垃圾、船舶压载水和船舶排气等污染处理方法进行了介绍;第十章介绍了船舶电力系统的主要组成部分及其作用;第十一章介绍了船舶机舱集中监视与报警系统基础知识,并对无人值班机舱、智能船和无人船等进行了简单描述。本书为航海科普类书籍,图文并茂、通俗易懂。

　　本书供船舶机电爱好者参考使用,能够使读者了解船舶机电的基本知识,能够弘扬航海文化,能够激发读者对海洋与航海的热爱。

　　本书由大连海事大学李可顺、赵俊豪、薛黎明和李国进编著。编著者在编写过程中参阅、引用了有关图书资料,得到了众多同行的支持,在此,一并致以诚挚的谢意。

由于篇幅和编著者水平、见识有限,本书难免存在纰漏讹误之处,尚祈专家及广大读者指正为盼。

编著者

2023年12月

目 录

1

走进船舶的"心脏"——轮机

现代船舶是一片可在水上游动、具有现代化城市功能的船旗国浮动领土。轮机是船舶的"心脏"。

什么是轮机？

船舶的发展历史悠久，在以前相当长的时间里，船舶都以人力、风力作为船舶航行的动力。直到1807年，以蒸汽作为船舶推进动力源的"克莱蒙特"号的建成，才标志着船舶以机械作为推进动力源的时代的开始。当时的推进器是由蒸汽机带动一个桨轮构成的，构成推进器的桨轮直径较大且大部分露出水面，因而又被人们称为"明轮"，如图1-1所示。装有明轮的船舶称为"轮船"，产生动力的蒸汽锅炉和蒸汽机等成套设备称为"轮机"，所以，当时的"轮机"仅仅是轮船机械或者推进设备的简称。

随着科学的发展和技术的进步，为适应船上的各种作业、人员生活、人员和财产安全的需要，船舶推进设备逐渐完善，增设了诸如船舶电站、装卸货机械、冷藏和空调装置、海水淡化装置、防污染设备及压载系统、舱底系统、消防系统、蒸汽系统、压缩空气系统等，扩大了"轮机"一词所包含的范围。一般来说，"船舶动力装置"的含义和"轮机"的含义基本相同，即船舶动力装置是为了满足船舶航行、各种作业、人员的生活和安全等需要而设置的全部机械、设备和系统的总称。

图1-1 木壳明轮船"克莱蒙特"号和它的制造者富尔顿

你知道吗

世界第一艘投入运输的"克莱蒙特"号轮船,是由被称为"轮船之父"的美国人富尔顿设计、制造的。富尔顿在20多岁时结识了蒸汽机发明者瓦特,由此爱上蒸汽机并开始设计、制造轮船。试验初期,他制造的船被称为"富尔顿的蠢物",但他没有泄气,经过反复试验改进,"克莱蒙特"号于1807年试航成功。

船舶前进动力有哪些?

船舶作为一种水上交通工具,发展至今已有5 000多年的历史,几乎与人类文明一样悠久。从古代的独木舟发展到现代的各类船舶,其动力大体经历了下面几个阶段:

人力

独木舟如图1-2所示,起源于新石器时代,后被木筏、竹筏、用兽皮做的皮筏所取代。到了青铜器时代,木板船出现了。舟筏时代的船舶主要靠人力来推进,所用的工具有桨、橹或竹制的篙。

图 1-2　独木舟

风力

早在公元前 4 000 年就出现了帆,在帆出现之后的漫长岁月里,古人互相学习借鉴,建造了多种不同的帆船。15 世纪到 19 世纪中叶是帆船发展的鼎盛时期,如图 1-3 至图 1-5 所示。19 世纪 70 年代以后帆船迅速被蒸汽机船所取代。

图 1-3　拉丁式大帆船

图 1-4　英国三桅帆船

图 1-5　美国双桅帆船

蒸汽动力

蒸汽机船包括往复式蒸汽机船和回转式汽轮机船两种类型。1807 年,世界上第一艘往复式蒸汽机船在美国建成并试航成功。往复式蒸汽机最早应用于海船,由于它具有结构简单、运转可靠、管理方便及噪声小等优点,在过去很长的一段时间内占据着主导地位,如图 1-6 和图 1-7 所示。20 世纪 50 年代,往复式蒸汽机船逐渐被淘汰。

1884 年,查尔斯·帕森斯建造了世界上第一台实用的蒸汽轮机,它最初的功率只有 5 千瓦,经过不断改进,其功率不断提高。1897 年,"透平尼亚"号在维多利亚女王的观舰式上横空出世,其航速达到了前所未有的 34.5 节,使全世界为之惊叹。回转式汽轮机作为一种船舶新动力,具备了挑战传统往复式蒸汽机的能力。在民用领域,第一艘安装蒸汽轮机的是 1900 年建造的 650 吨轮船"KING ED WARD"号。

图1-6　瓦特和瓦特蒸汽机

图1-7　"克莱蒙特"号的明轮动力系统

回转式汽轮机自装船使用以来,由于受到柴油机的挑战,其发展一直比较缓慢。虽然主汽轮机的单机功率大、运转平稳、摩擦和磨损小、噪声小,但其装置的热效率低,要配置重量、尺寸较大的锅炉、冷凝器、减速齿轮装置及其他辅助机械,因此装置的总重量和尺寸均较大,这就限制了它在中、小型船舶上的应用。然而近年来,由于新技术、新工艺的应用,汽轮机和锅炉的效率得到了提高。不少资料表明,当功率超过22 000千瓦和船速超过20节时,汽轮机动力装置的优越性更为突出。

柴油机

1876年,德国人奥托(N.A.Otto)发明了电点火式四冲程煤气机。1880年,一些工程师成功开发了二冲程内燃机。1893年,德国工程师鲁道夫·狄赛尔(Rudolf Diesel)申请了压缩发火内燃机专利,并于1897年在MAN公司研制成功第一台使用液体燃料的内燃机,如图1-8所示。内燃机的问世,是继蒸汽机之后发动机发展的又一个里程碑,为现代工业的发展奠定了基础。

鲁道夫·狄赛尔被称为"柴油机之父",柴油机Diesel正是由他的名字命名的。1913年,"Coertsen"号的船员在北海打捞出一具尸体,逝者正是几日前在渡船上失踪的鲁道夫·狄赛尔。狄赛尔在世时由于经营不善,只零星售出几台自己设计的柴油发动机,负债累累的他最终以这样的方式结束了自己的生命。狄赛尔去世后,多家汽车公司都放弃了他们的柴油项目。几乎所有人都认为柴油发动机无法为汽车和卡车提供动力。

图1-8 鲁道夫·狄赛尔和世界上第一艘远洋柴油机船"Selandia"号

　　当时的评论家对狄赛尔恶语相加,声称他对内燃机技术的发展没有任何贡献,是个"骗子"。当时,印第安纳州的一个小伙子克莱西·莱尔·康明斯对这样的说法非常不满,立志要完成狄赛尔未完成的事业。由他创立的康明斯公司为一家荷兰柴油发动机公司加工了第一台柴油单缸发动机,如图1-9所示。接下来,康明斯就开始尝试造出具有更高转速的柴油发动机。当时的专家认为,柴油发动机的最高转速是600转/分钟。康明斯则认为,"如果我们不试着更进一步,就永远不知道我们能做到什么程度!"在不到一年的时间里,康明斯就成功研发出了两款最高转速达到900转/分钟的发动机。康明斯改造了一台1927年产的帕卡德客车,换上了康明斯U形发动机。1930年1月4日,他驾驶着这台加满了油的帕卡德去纽约参加全国车展。他不仅在预定时间到达了纽约,还仅凭一箱油就完成了这一趟上千千米的行程,花费的油费仅为1.38美元。第二天,他就火了,每一份报纸都在报道这件事,克莱斯勒的创始人沃尔特·克莱斯勒特意与他见面,甚至亨利·福特都对他的成果感兴趣。这都为康明斯柴油机在汽车行业的发展打开了大门。

图1-9 克莱西·莱尔·康明斯和他发明的第一台柴油单缸发动机

燃气轮机动力装置

燃气轮机的制造业自20世纪30年代开始兴盛,燃气轮机从20世纪50年代起被用作商船主机。它的基本工作原理与汽轮机相似,只是在做功的工质方面有所不同,但因其燃油消耗率高,主机没有反转性等缺点,逐渐被其他动力装置代替。汽轮机中的燃料在锅炉内燃烧,使锅炉中的水被加热并产生蒸汽,推动叶轮做功;燃气轮机中的燃料则在燃烧室内燃烧,产生的燃气推动叶轮做功。燃气轮机因具有功率密度大、启动速度快、良好的机动性等优点,成为各国军舰动力系统的最优选择。现如今,世界上有很多国家已经实现了主力水面作战舰动力的燃气轮机化。

核动力装置

核动力装置是以原子核的裂变反应所产生的巨大能量,通过工质(蒸汽或燃气)推动汽轮机或燃气轮机工作的一种装置,如图1-10所示。核动力装置及少量的核燃料能释放出巨大的能量,这就可以保证船舶以较高的航速航行极远的距离,如11 000千瓦核动力装置工作一昼夜仅消耗核燃料15～18克。核动力装置的最大特点是不消耗空气就能获得能量,但是其操纵管理、检查系统比较复杂,造价高昂。因此核动力装置主要用于军舰,商船上几乎很少采用,目前全世界仅有一艘投入使用的核动力货船,即俄罗斯的"Sevmorput"号集装箱船。

图1-10　世界上第一艘核动力航母

联合动力装置

民用船舶主要考虑经济性,其他的问题可采取某些措施加以解决。某些有着特殊用途的船舶(如军用舰艇)要求尽可能提高航速和机动性,增大功率的同时还要减少装置所占排水量,以提高续航力。舰艇全速工况要求动力装置发出最大功率,但全速工况的时间在航行时间中所占比例极小。动力装置大部分时间处于巡航工况,此时要求经济性高,以提高续航力。为解决全速大功率与巡航经济性的矛盾,舰艇可采用联合动力装置。目前,常用的联合动力装置的型式有三种:汽轮机+加速燃气轮机、柴油机+加速燃气轮机、燃气轮机+加速燃气轮机。

你知道吗

目前,航空母舰常用的动力大致分三类:第一类是常规蒸汽动力,也是最传统的一种方式;第二类是核动力,这一类在性能上有巨大的优势,但是其自身也有很大的局限性,目前只出现在美国和法国的航空母舰上;第三类是以燃气轮机为核心的动力方式,目前这一类多用于轻型的小甲板航空母舰上。不过在可以预期的未来,燃气轮机将与先进的电力推进技术一起出现在新一代的大甲板航空母舰上。

轮机的组成

一艘现代船舶就是一个现代化工业技术成就的集合,船舶需配备很多独立系统,以满足其自身的各种需求。轮机正是用来产生机械能、热能、电能和其他形式的能量以满足船舶设备与人员需要的。

轮机是一个具有动力机械类性质的系统工程,不能把它简单地理解成机舱中或甲板上机械设备的组合。由此,根据组成船舶轮机的各种系统、机械和设备所起作用的不同,轮机工程分为以下两个部分:

主推进装置

主推进装置,即推动船舶航行的设备和系统,包括主机及其附属系统、传动设备、轴系和推进器。主机输出动力通过传动设备及轴系驱动推进器产生推力,使船舶克服阻力以某一航速航行。

辅助装置

辅助装置通过产生各种能量来满足船舶航行、作业和生活设施的需要,包括供全船使用的船舶电站、辅锅炉、液压泵站和压缩空气系统,以及为船员和旅客生活服务的设备和系统。

- 为主推进装置服务的设备与系统,如为主机服务的滑油、燃油、冷却水、压缩空气等设备和系统。这些设备和系统可确保主机安全、可靠地运行。
- 确保船舶营运和操纵性能的设备和系统,如锚机、系缆机、舵机、起货机等设备和系统。这些设备能满足船舶正常的靠、离港,装、卸货物及其他用途的需要。
- 为船员和旅客生活服务的设备和系统,如船舶伙食冷藏装置、船舶空气调节装置、通风系统、照明系统和日用海淡水系统等。
- 船舶应急安全设备和系统,如火灾报警系统、应急配电系统、全船水消防系统、机舱 CO_2 灭火系统、水喷淋灭火系统、舱底水系统等。
- 船舶防止污染设备和系统,包括油水分离系统、生活污水处理系统、焚烧炉及压载水处理装置等。这些系统和设备能有效地处理船舶生活场所及工作场所所产生的各种污染物,尽量减少船舶对海洋和大气的污染。

船舶轮机的组成情况大体如上所述,但随着船舶的大小、种类、用途、航线等情况不同将会有所变化,因此不能一概而论。例如,油船没有起货装置,但必须有货油泵、惰性气体系统和原油/海水洗舱系统;经常靠离码头的船舶往往设有侧推器;大型客船通常设有减摇装置;挖泥船必须设有泥浆抽吸系统。

第二章

如何推动船舶前进？

推进装置是指发出一定功率、经传动设备和轴系带动螺旋桨、推动船舶并保证其以一定的航速前进的设备。

推动船舶前进的设备有哪些？

推进装置是船舶动力装置中最重要的组成部分,如图2-1所示,主要包括以下几部分:

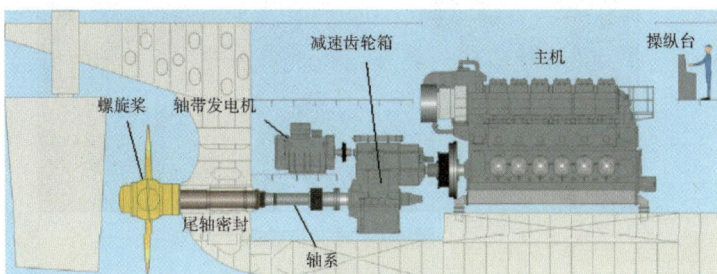

图 2-1　推进装置示意图

主机

主机是指推动船舶航行的动力机,如柴油机、汽轮机等,如图2-2所示。

图2-2　主机

传动设备

传动设备用于隔开或接通主机传递给传动轴和推进器的功率,同时还可使推进器达到减速、反向和减震的目的。传动设备包括离合器、减速齿轮箱等(如图2-3所示)。

图2-3　减速齿轮箱

轴系

轴系用于将主机的功率传递给推进器。轴系包括传动轴、轴承(如图2-4所示)和密封件等。

图 2-4　轴承

推进器

推进器是能量转换设备。它是将主机发出的能量转换成船舶推力的设备,包括螺旋桨(如图2-5所示)、喷水推进器、电磁推进器等。

绝大多数船舶使用的推进器都是螺旋桨,通过其在水中旋转来推动水流,从而产生推力以推动船舶前进。

在船舶实际航行中,由主机、传动设备、螺旋桨组成的船舶推进装置与船体相互联系、相互作用,组成了保障船舶运动的一个统一系统。

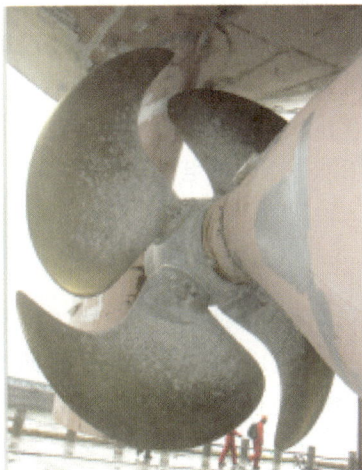

图 2-5　螺旋桨

- 主机是"能量发生器"。它将燃料的热能转换成机械能,用输出轴的扭矩和转速来表征。其工作实质是:加入燃烧燃料,输出扭矩。

- 传动设备是"能量传递器"。其作用是将主机的机械能传递给螺旋桨。其工作实质是:输入扭矩,输出扭矩。

- 螺旋桨是"能量转换器"。螺旋桨获得主机输出的动力矩,克服水对螺旋桨的阻力矩,从而产生推力来克服船体的阻力。其工作实质是:输入扭矩,输出推力。

● 船体是"能量消费者"。它接受传动设备传递来的推力,克服各种阻力,从而以一定的速度前进、后退或转向。

因为船、机、桨在同一能量系统中,所以当要求船舶在某一工况下航行时,也就决定了机、桨的运转点,三者要保持能量平衡。

船舶柴油机的发展

船舶柴油机具有经济性好、功率范围大、机动性好、可靠性高、使用寿命长、维修方便等优点,因此在民用船舶主推进动力装置中占绝对的统治地位,不仅占领了普通船舶动力装置领域,也占领了超大型油船、大型散货船和集装箱船等传统上被认为属于蒸汽动力装置的领域。近几十年来,船舶柴油机动力装置在民用船舶动力装置中所占比例都超过了98.5%,在某些年份甚至接近100%。船舶柴油机在船舶上的另一个主要应用是作为发电机的原动机,也就是作为船舶副柴油机(也称为船舶副机)。从船舶实际使用情况来看,除了少数蒸汽动力船舶,无论是远洋船舶还是内河船舶,绝大多数都是以柴油机作为发电原动机的。

船舶柴油机的发展阶段

船舶柴油机的发展主要经历了以下四个阶段:

船舶柴油机发展的第一阶段是从20世纪初至20世纪40年代。在这一阶段的船舶领域,蒸汽机和柴油机并存,并在相互竞争中发展。但随着柴油机技术的不断发展及其产品性能的不断提高,柴油机逐渐取代了蒸汽机,20世纪40年代以后,新建商船已经很少出现蒸汽机船了。狄赛尔(Diesel)发明了一种空气喷射式发动机,它需要用高压空气将燃油喷入柴油机的燃烧室并将其雾化。之后,柴油机在发展过程中自身逐步得到完善,并应用了最关键的无气喷射技术。1927年,性能可靠的高压喷油泵出现了,并在柴油机上正式使用,这是柴油机技术发展的一个突破。喷油设备的改进使柴油机有了突飞猛进的发展,并广泛用于车辆和船舶,这一基本原理一直沿用至今。增压技术也是在这一阶段发展起来的。

船舶柴油机发展的第二阶段是20世纪40—70年代。第二次世界大战后，全球经济迅速发展，船舶一直向大型化、高速化发展。这一时期是船用低速柴油机发展的黄金时期，其主要特征是向大缸径、大功率方向发展，以提高增压程度和加大气缸排气量作为提高单缸功率的主要措施。在这一阶段，船舶柴油机发展的主要技术特征是废气涡轮增压技术的成熟和普及。废气涡轮增压技术在船用二冲程柴油机的成功使用，使得船用柴油机的功率大大提高，是船用低速柴油机发展的重要里程碑。国外将这一时期称为船用低速柴油机的第一次飞跃。世界首台14缸船用低速柴油机"14RT-flex96C"是一款采用直列14缸设计的二冲程低速柴油机，是当时瓦锡兰（Wärtsilä）柴油机公司研制的世界上最大功率的船用低速柴油机。该机长27.3米，高13.5米，装机总重2 446吨（净重2 300吨），在额定转速为102转/分时的最大功率可达10.9万马力（80 056.2千瓦），单缸排气量1 820升，单缸功率7 780马力，适用于新一代大型集装箱船。

船舶柴油机发展的第三阶段是从20世纪70年代至90年代末。20世纪70年代的两次石油危机诱发了世界范围内的能源危机。1973年，石油产品的价格大幅度上涨，使船舶柴油机的燃油费用支出一跃占营运成本的40%~50%。降低柴油机的燃油支出费用，提高柴油机的经济性成为第一要求。这一阶段着重改进增压技术，以提高柴油机的单机功率并降低比重量，提高柴油机的经济性和可靠性。这一阶段最主要的特征是各船用柴油机厂之间开始大规模地淘汰、调整和重新组合。对整个船舶柴油机行业影响最大的是20世纪80年代初MAN公司和B&W公司的合并及90年代Wärtsilä公司和Sulzer的合并。这一阶段的另一个特征是节能技术的研究和发展。

船舶柴油机发展的第四阶段是从21世纪初开始的，其特征有二：一是电子控制在船舶柴油机上的应用，实现了柴油机控制和管理的电子化、信息化、智能化；二是对柴油机有害排放的控制。电子控制式船舶柴油机最典型的机型是Wärtsilä公司在2000年推出的Sulzer RT-flex全电子控制的智能型柴油机。

船用低、中速柴油机的现状

目前，世界上三大低速柴油机制造商分别是德国的MAN Diesel&Turbo公司、芬兰的Wärtsilä公司和日本的三菱商事株式会社。根据近年来的统计，三个公司所占份额分别约为80%、18%、2%。世界船用低速柴油机的研发中心在欧洲，制造中心在东亚。2010年，MAN Diesel&Turbo公司终止了其在丹麦工厂的低速柴油机的生产，它和Wärtsilä公司目前均已不再生产低速柴油机。船用低速柴油机基本采用专利许可证授权的方式,由世界其他国家的造机企业从事生产。韩国、日本、中国是目前世界上主要的船用低速柴油机的生产国,这三个国家的船用低速柴油机的产量占世界总产量的90%以上,但基本上没有自己的品牌。韩国拥有现代重工集团、斗山集团、STX集团等大型企业,其低速柴油机的产量约占世界总产量的50%(按功率统计),全部属于许可证生产。中国中低速柴油机目前的生产规模和日本相当,但仍存在产业集中度低、配套能力不足、技术压力大、对性能和质量要求较高的大缸径柴油机生产能力不足等问题。

目前虽然船用中速柴油机的生产厂家较多,但主要集中于Wärtsilä公司、MAN Diesel&Turbo公司、Caterpillar公司等几家公司,三个公司所占份额分别为47%、23%、5%,其他公司所占份额的总和为25%。

船舶发动机(主机)是如何工作的?

柴油机和汽油机同属往复式内燃机。汽油机使用挥发性好的汽油作燃料,采用外部混合法(汽油与空气在气缸外部进气管中进行混合)形成可燃混合气。其燃烧为电点火式(电火花点火)。汽油机不被允许作为船用发动机使用(汽油的火灾危险性大),但广泛应用于运输车辆。

柴油机是以柴油或劣质燃料油为燃料,压缩发火的往复式内燃机。任何物质燃烧都必须满足燃烧三要素。在柴油机中,燃油不是靠外界火源点燃的,而是在高温条件下自行发火燃烧的,所以用来助燃的空气还必须达到足够高的温度。这是通过压缩过程实现的。在压缩终点,将雾化的燃油喷入高温、高压的空气中,就能发火燃烧。燃油燃烧后放出的大量热能,使燃气的温度急剧升高、压力快速增大,推动活塞膨胀做功,产生动力。膨胀终了时,气体失去做功能力,成为废气,并被排出气缸。 总之,燃油在柴油机气缸中燃烧做功,必须通过进气、压缩、燃烧和膨胀、排气四个行程才能实现,这四个行程称为柴油机的基本工作过程,进行了这四个行程就完成了一个工作循环,接着又进行下一个工作循环,如图2-6所示。

进气行程:活塞下行,进气阀打开,新鲜空气进入气缸。

压缩行程:活塞上行,进、排气阀关闭,对空气进行压缩,使其温度升至

600~700 ℃（燃油的自燃温度为210~270 ℃）。在压缩后期,经喷油器喷入气缸的燃油与高温空气混合、加热,并自行发火燃烧。

燃烧和膨胀行程:由于燃油强烈燃烧,气缸内的压力和温度急剧上升,高温、高压的燃气(工质)膨胀并推动活塞下行做功。

排气行程:活塞下行到某一位置,排气阀打开,废气靠气缸内外压力差经排气阀排出。

进行了上述的四个行程,柴油机就完成了一个工作循环。当活塞继续运动时,新的循环又按同样的顺序重复进行。

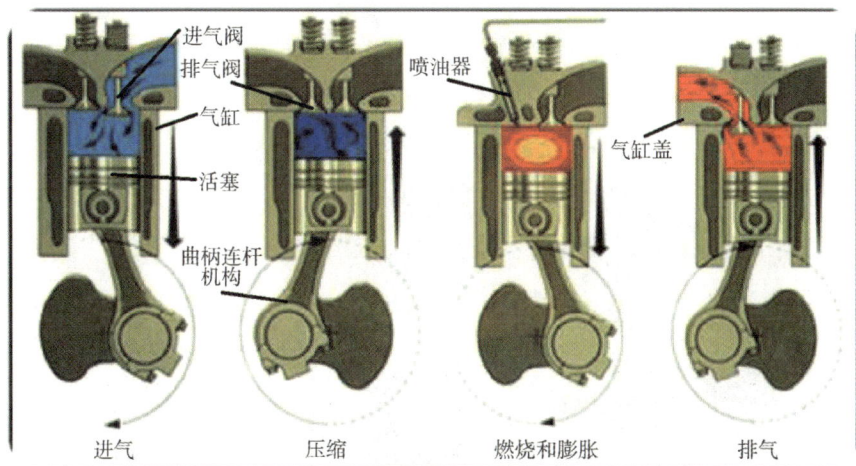

图2-6 柴油机的基本工作原理

每个工作循环中只有第三行程(燃烧和膨胀行程)是做功的,其他三个行程都是为燃烧和膨胀行程服务的,都需要外界供给能量。一般柴油机至少做成四个缸,如图2-7所示,进气、压缩、排气行程的能量可由其他正在做功的气缸供给。因为单缸柴油机配有较大的飞轮,所以陆地上手扶拖拉机等农用柴油机可以使用,如图2-8所示。

图2-7 多缸柴油机

柴油机的主要部件有气缸盖、气缸、活塞、曲轴、连杆等,如图2-9所示。其中空气和燃油的混合物在气缸盖、气缸和活塞组成的空间(即燃烧室)内燃烧,而连杆和曲轴的主要作用是将活塞的往返运动转变为回转运动,通过轴系传给螺旋桨,推动船舶前进。

图2-8 带有飞轮的单缸柴油机

图2-9 多缸柴油机的主要部件

柴油机的类型

柴油机有很多不同的分类方式,通常有以下几种:

按工作循环分类

柴油机按工作循环的不同可分为四冲程柴油机和二冲程柴油机。柴油机的一个工作循环包括进气、压缩、燃烧和膨胀、排气四个行程。四冲程柴油机是曲轴转两圈,也就是活塞运动四个行程完成一个工作循环;而二冲程柴油机是曲轴转一圈,也就是活塞运动两个行程完成一个工作循环。

按进气压力分类

柴油机按进气压力的不同可分为增压柴油机和非增压柴油机。非增压柴油机是在大气压力下进气的,而增压柴油机是在较高的压力下进气的。

按曲轴转速分类

柴油机的速度可以用曲轴转速$n(r/min)$表示。按此指标将柴油机分为:

低速柴油机:$n \leqslant 300$ r/min。

中速柴油机:$300 < n \leqslant 1\ 000$ r/min。

高速柴油机 $n > 1\ 000$ r/min。

按活塞与连杆的连接方式分类

柴油机按活塞与连杆的连接方式可分为筒形活塞柴油机和十字头式柴油机。

筒形活塞柴油机的活塞通过活塞销直接与连杆相连。中高速柴油机一般都采用此结构。

十字头式柴油机的活塞设有活塞杆,通过十字头与连杆相连接,并在气缸下部设中隔板将气缸与曲轴箱隔开。大型二冲程低速柴油机都采用这种结构,如图2-10所示。

按气缸排列方式分类

船用柴油机通常为多缸机,这样可以增大柴油机单机功率,同时可满足船舶机动性、可靠性的要求。

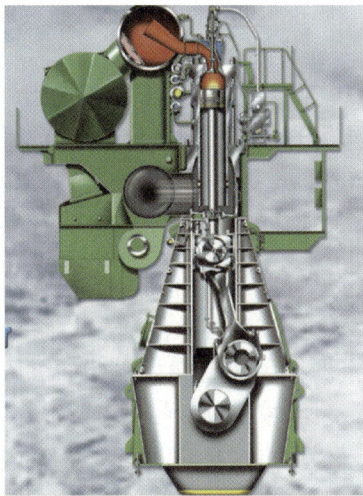

图2-10　十字头式柴油机

多缸柴油机的气缸排列可以有直列式、V形、W形等。船用柴油机均为直列式与V形两种。具有两个或两个以上直立气缸,并呈一列布置的柴油机称为直列式柴油机,如图2-7所示。直列式柴油机的气缸数因曲轴刚度和安装上的限制,一般不超过12缸。当缸数超过12缸时,通常采用V形柴油机。在中、高速柴油机中V形柴油机用得较多。

按正车时旋转方向分类

柴油机按正车时旋转方向可分为右旋柴油机和左旋柴油机。

观察者由柴油机功率输出端向自由端看:正车时按顺时针方向旋转的柴油机称为右旋(转)柴油机;正车时按逆时针方向旋转的柴油机称为左旋(转)柴油机。

某些船舶的推进装置采用双机双桨推进装置。在这种船舶上,由船尾向船首看,布置在机舱右舷的柴油机为右旋柴油机,亦称右机;布置在机舱左舷的柴油机为左旋柴油机,亦称左机。单台布置的船舶主柴油机通常均为右旋柴油机。

按自身转向是否可以改变分类

柴油机按自身转向是否可以改变可分为可逆转柴油机和不可逆转柴油机。

可由操纵机构改变自身转向的柴油机称为可逆转柴油机。曲轴仅能按同一方向旋转的柴油机称为不可逆转柴油机。

在船舶上凡直接带动螺旋桨的柴油机均为可逆转柴油机;凡带有倒顺车离合器、倒顺车齿轮箱或可变螺距螺旋桨的柴油机及船舶发电柴油机均为不可逆转柴油机。

其他分类

此外,柴油机根据用途不同还可以分为主推进柴油机、发电柴油机;根据所用的燃料不同可分为气体燃料柴油机、双燃料柴油机等。

柴油机型号的意义

通常各柴油机厂商会给柴油机赋予一个型号。柴油机型号中包含的意义主要有气缸数量、气缸直径、气缸排列形式和柴油机系列等。下面以某船主机、辅机和应急发电柴油机的型号为例进行说明。

该船主机型号为MAN B&W 6S35MC。其数字及字母的意义为:6—气缸数;S—超长冲程(L—长冲程,K—短冲程);35—缸径(cm);MC—凸轮轴控制(ME—电子控制)。该船发电柴油机型号为Wärtsilä W4L20。其数字及字母的意义为:W—Wärtsilä;4—气缸数;L—直列机;20—缸径(cm)。该船应急发电柴油机的型号为TBD234V8。其数字及字母的意义为:T—废气涡轮增压;B—中间冷却;D—柴油机;234—序列号;V—V型排列气缸;8—气缸总数。

如何让柴油机产生更大的马力?——涡轮增压

随着人们生活条件及经济水平的日益提高,汽车已成为家庭必备的代步工具。那你知道车尾部带有的"1.8、1.8T"等标识的含义吗?数字代表汽车气缸排量，即活塞从上止点移动到下止点所通过的空间容积。如果发动机有若干个气缸，所有气缸工作容积之和称为发动机排量，一般用升来作单位。发动机排量是最重要的结构参数之一，比缸径和缸数更能代表发动机的大小。T代表涡轮增压，是一种利用内燃机运转产生的废气驱动空气压缩机的技术。涡轮增压的主要作用就是增加发动机的进气量，从而增大发动机的功率和扭矩，让车更有"劲"。一台发动机装上涡轮增压器后，其最大功率与未装涡轮增压器的时候相比可以增加40%甚至更多。这样也就意味着同样一台发动机在经过增压之后能够输出更大的功率。

柴油机和家用轿车发动机的原理一样，所能发出的最大功率受到气缸内所能燃烧的燃料的限制，而燃料量又受到每个循环内气缸所能吸入空气量的限制。如果空气能在进入气缸前受到压缩并使其密度增大，则同样的气缸工作容积可以容纳更多的新鲜空气，从而可以供给更多的燃料，得到更大的输出功率。这就是增压的基本目的。所谓增压，就是用提高气缸进气压力的方法，使进入气缸的空气密度增大，从而增加喷入气缸的燃油量，以增大柴油机的平均有效压力和功率。压气机与涡轮同轴相连，构成涡轮增压器，如图2-11所示。涡轮在排气能量的推动下，带动压气机工作，实现进气增压。显然，这种增压形

图2-11 涡轮增压器

式可以从废气中回收部分能量，不仅增大了柴油机的功率，还提高了动力装置的经济性（如图2-12所示），因而获得广泛应用。

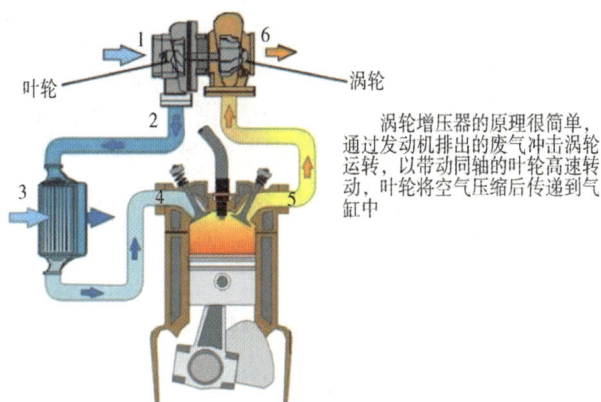

叶轮 涡轮

涡轮增压器的原理很简单，通过发动机排出的废气冲击涡轮运转，以带动同轴的叶轮高速转动，叶轮将空气压缩后传递到气缸中

图2-12 涡轮增压器的工作原理

1—增压器的进气口；2—气体流向；3—中冷器；4—进气门；5—排气门；6—废气出口

功率——发动机最重要的技术参数

发动机的主要功能是将燃料中的化学能转换成机械能,因此发动机最重要的技术指标当然就是功率了。所谓功率,就是单位时间内做的功。气缸排量是家用轿车发动机最常用的"功率"指标。我们通常用排量,而不是真正的功率来描述汽车发动机的大小。但是,排量能准确反映发动机的功率大小吗?相同排量、不同品牌的发动机的功率是不一样的,因此气缸排量往往不能准确反映发动机的功率大小。

国际标准的功率单位是瓦特(还有千瓦、兆瓦)。1瓦特相当于1牛顿的力在1秒内将物体沿力的方向移动1米,即1瓦=1牛·米/秒。除瓦特外,常用的功率单位还有马力。1马力相当于一匹健康、强壮的马在1秒内将75千克的重物提升1米,即1马力=75千克·米/秒,相当于0.735千瓦。

除功率以外,发动机还有一些其他重要指标,如燃油消耗率、有害物排放量、单位功率的重量、使用寿命、运行可靠性、操作难度、制造成本等。

如何驾驭船舶发动机?

船舶机动操作主要包括船舶多次改变航速及航向。例如,船舶在海洋中正常航行时,要求船舶定速前进;在大风浪中航行时,由于船舶摇摆起伏,主机会超负荷或超速,这时应限制主机的负荷及转速;在紧急情况下航行时,船舶为了避碰而紧急刹车,强迫主机迅速停车、倒车。为了满足船舶机动操作的要求,船舶主机应当具有启动、停车、正车和倒车等能力。为此,作为船舶主机的柴油机,必须设置启动装置、换向装置和调速装置及控制上述各种装置的操纵机构。

柴油机的启动

静止的柴油机必须借助外力的作用来使柴油机获得第一个工作行程的条件,即柴油机在外力作用下进行进气、压缩、喷油,直至燃油燃烧和膨胀,推动活塞并通过曲柄连杆机构使柴油机自行运转。这一过程称为柴油机的启动。根据所采用外来能源形式的不同,柴油机的启动方式可分为以下两种:

- 借助于加在曲轴上的外力矩使曲轴转动起来,如人力手摇启动(如图2-13所示)、电动启动(如图2-14所示)及气动马达启动等。小型柴油机,如救生艇发动机、驱动应急消防泵和应急空压机的柴油机,通常用电动启动或人力手摇启动。
- 借助于加在活塞上的外力推动活塞运动使曲轴转动起来,如压缩空气启动(如图2-15所示)。船舶主机、副机几乎全部采用压缩空气启动。压缩空气启动就是将具有一定压力(2.5~3.0兆帕)的压缩空气,按柴油机的发火顺序在工作行程时引入气缸,代替燃气推动活塞,使柴油机达到启动转速,完成自行发火。

图2-13 人力手摇启动

图2-14 电动启动

图2-15　压缩空气启动

　　主机的操纵方式可分为机旁手动控制、机舱集控室控制和驾驶台控制三种方式,如图2-16所示。

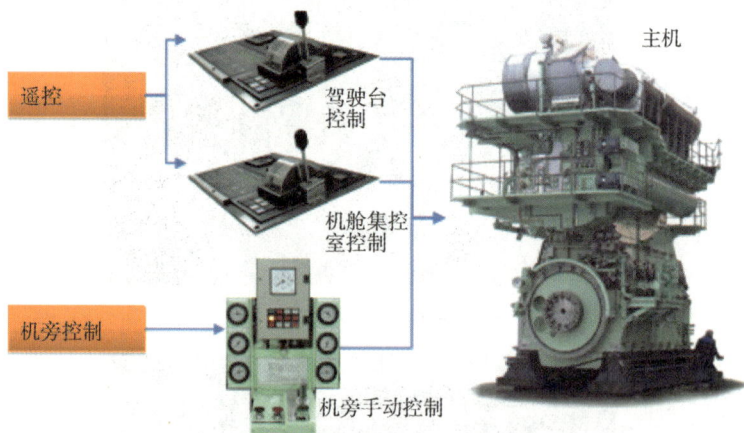

图2-16　主机操纵方式

　　机旁手动控制是指操纵台设在机旁,使用相应的控制机构操纵柴油机,以满足各种工况下的需要的操纵方式;机舱集控室控制是在机舱的适当部位设置专用的集控室,以实现对柴油机的控制与监视的操纵方式:驾驶台控制是在船舶驾驶台的控制台由驾驶员直接控制柴油机的操纵方式。

　　机旁手动控制是操纵系统的基础。机舱集控室控制与驾驶台控制统称遥控,即指远距离操纵主机。机舱集控室设有操纵部位转换开关,根据航行条件的需要将柴油机的操纵转换至集控室、驾驶台和机旁。驾驶台、集控室和机旁设有应急停车按钮或手柄,以便在紧急情况下根据需要立即停车。尽管主机遥控技术水平已经很高,也在不断地发展,但仍然必须保留机旁手动控制,保证对主机可靠、有效地控制。因此,就优先级别而言,机旁手动控制

22

高于机舱集控室控制,机舱集控室控制高于驾驶台控制。

船舶的车轮——螺旋桨

　　螺旋桨是一种反作用式推进器,当螺旋桨转动时,水在桨的推动下向后(或向前)运动,桨受到水的反作用力而产生向前(或向后)的推力,使船舶前进(或后退)。螺旋桨是由数片桨叶连接在共同的桨毂上构成的。螺旋桨的桨叶和桨毂是一体的,当螺旋桨制造好后,它的螺距就不再改变,这样的螺旋桨称定距桨,如图2-17所示。可调螺距螺旋桨(简称调距桨)的桨叶螺旋面与桨毂可做相对转动,通过转动桨叶来达到改变螺距的目的,如图2-18所示。桨叶每到一个位置,就有一个对应的螺距。

　　按传动方式不同,船舶推进装置可分为直接传动、间接传动和特殊传动三大类。

直接传动

　　直接传动是指主机动力是直接通过轴系传给螺旋桨的一种传动方式,如图2-19所示。若采用定距桨,船舶要从前进变为后退(或从后退变为前进),一般是靠改变螺旋桨的旋转方向(称直接换向)来完成的,主柴油机具有换向性能或者配备倒转离合器。若采用调距桨,要实现上述动作,则需保持螺旋桨转向不变并改变螺旋桨的螺距使推力方向改变。

图2-17　定距桨

图2-18　调距桨

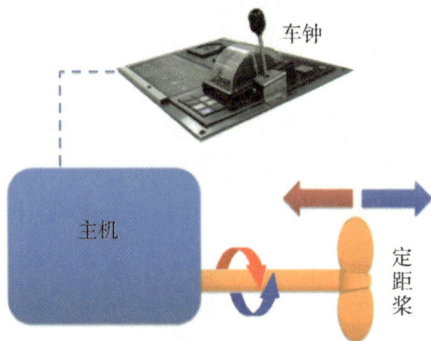

图2-19　直接传动

间接传动

间接传动是指主机和螺旋桨之间的动力传递除经过轴系外,还经过某些特设的中间环节的一种传动方式,如图2-20所示。

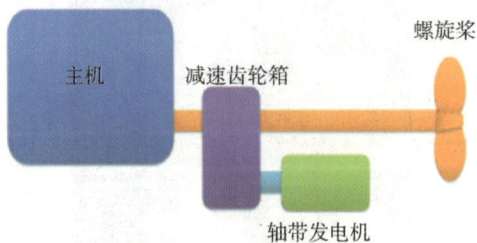

图2-20　间接传动

特殊传动

特殊传动是指与直接传动和间接传动不同的一种传动方式,包括电力传动、吊舱式推进器传动、喷水推进器传动等。电力传动是主发电机将发出的电供给主配电板,再由主配电板供给主电动机,从而驱动螺旋桨运转的一种传动方式。电力传动装置布置如图2-21所示。电力传动主要用于破冰船、拖船、渡船等。吊舱式推进器,又称POD推进器,是一种集推进和操舵装置于一体的新型船舶推进装置。吊舱式推进器将推进电机置于船舱外部,直接与螺旋桨相连,可以在360°内水平转动。"雪龙2"号极地考察船及其即将安装的吊舱式推进装置如图2-22所示。

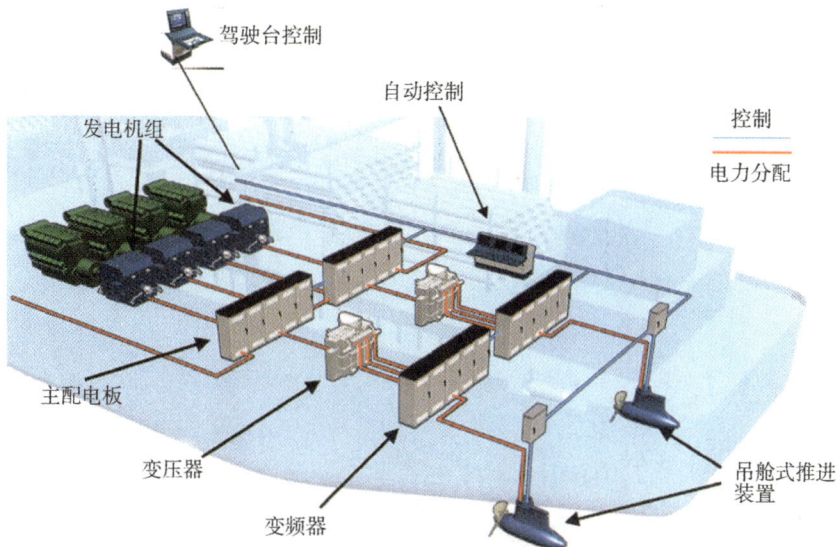

图2-21 电力传动装置布置图

图2-22 "雪龙2"号极地考察船及其即将安装的吊舱式推进装置

第三章

船舶管路系统

船舶管路系统是专门输送流体的管路、设备、机械和测控仪表的总称，其作用是保证船舶的航行性能和安全，以及满足船舶正常运行和人员生活的需要，简称管系。

发动机工作需要哪些管路系统？

船上的管路纵横交错、遍布全船。概括起来,船舶管路系统可分为三种类型:船舶动力管路系统、船舶辅助管路系统、特种船舶专用管路系统。

为了便于管理人员识别各种管路所输送的工质和流向,管路外表通常按系统作用不同涂有不同颜色的油漆予以标识,如图3-1所示,但是不同的国家可能略有差异,故应以船上的标志说明为准。

	红色　消防
棕色　燃油	橙色　滑油
蓝色　淡水	绿色　海水
黑色　污油水	银色　蒸汽

图3-1　管路识别图

船舶动力管路系统的作用是专门为动力装置的正常工作提供必要的技术条件,特别是保证推进装置正常工作,主要包括燃油系统、滑油系统、冷却系统、压缩空气系统。

燃油系统

石油是由多种有机化合物组成的极为复杂的混合物,其基本元素是碳和氢(按重量计算,含碳83%~87%、含氢11%~14%)。碳氢化合物简称烃,所以石油是烃类混合物。石油中尚存在少量的氧、硫、氮等元素,总重量只占0.5%~5%。此外,石油中还含有其他微量元素。在原油的加工过程中,较轻的组分总是最先被分离出来的。燃料油(Fuel Oil)作为成品油的一种,是石油加工过程中在汽油、煤油、柴油之后从原油中分离出来的较重的剩余产物。燃料油主要由石油的裂化残渣油和直馏残渣油制成,其特点是黏度大,含非烃化合物、胶质、沥青质多。国外船用燃油主要包括:轻柴油(Marine Gas Oil,简称MGO),常用于救生艇柴油机和应急发电柴油机;船用柴油(Marine Diesel Oil,简称MDO),常用作发电柴油机和主机机动操纵时的燃料;中间燃料油(Intermediate Fuel Oil,简称IFO),是渣油与柴油调制而成的掺和油,可用于各类大功率中速及低速柴油机。目前,IFO180、IFO380是市场上的主流品种。IFO380和IFO180分别指在50℃时运动黏度大于等于380平方毫米/秒和大于等于180平方毫米/秒的残渣燃料油。

燃油系统是重要的动力系统之一,其作用是把符合使用要求的燃油畅通无阻地输送到发电柴油机、锅炉等入口处。该系统通常由加装、贮存、驳运、净化处理和供给等五个基本环节组成。燃油系统各环节相互关系如图3-2所示。

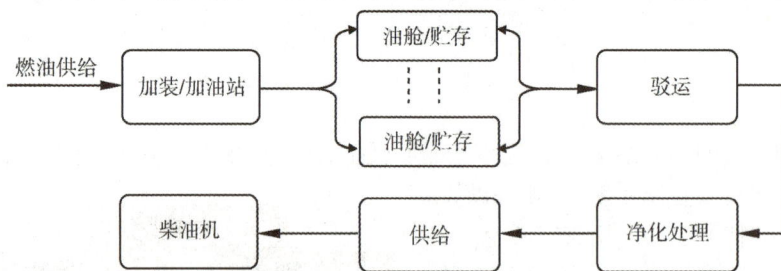

图3-2 燃油系统各环节相互关系图

燃油的加装、贮存、驳运单元的组成及作用

加油站一般位于船舶主甲板上,由燃油注入法兰、集油盘和燃油输送管系组成。燃油注入法兰分重油燃油注入法兰和轻油燃油注入法兰,装设在两舷。船舶两舷加油站布置如图3-3所示。这样,从两舷均可将轻燃油、重燃油直接注入各油舱。燃油的驳运环节的主要作用是从燃油舱驳运燃油到燃油净化装置,同时,也能实现油舱之间的燃油驳运操作。

图3-3　船舶两舷加油站布置图

燃油的净化处理

本单元主要由燃油沉淀柜、燃油日用柜、分油机及燃油加热器组成,分油机和燃油净化过程如图3-4所示。来自燃油沉淀柜的燃油在经分油机净化后注入燃油日用柜,燃油日用柜在被注满后,可溢流回燃油沉淀柜。本单元的主要功能是去除燃油中的杂质和水分,满足柴油机的用油要求。其净化方法包括:加热、沉淀、放残,离心分离和过滤等。

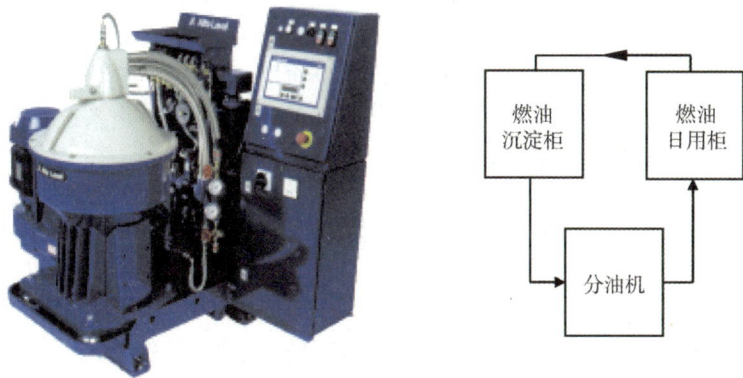

图3-4　分油机和燃油净化过程示意图

燃油在使用前必须经过净化处理,除去其中的水分和杂质。燃油净化的核心环节是离心分离,最主要的设备就是离心式分油机。燃油、水分和机械杂质的密度是不同的,油的密度最小,水分的密度居中,机械杂质的密度最大。若将燃油在沉淀柜中静置,让它们依靠本身的重力沉淀,则油必定浮在最上层,水分在油下面,机械杂质在沉淀柜的底层。但是,燃油是黏性液体,水滴和固体小颗粒在其中运动时受到黏滞阻力,所以只依靠自身的重力来分离水分和杂质,所需的时间很长,效果也不好。为了提高分离速度,我们可以把污油置于高速回转的分离筒中,让污油与分离筒一起高速回转,也就是说把污油置于一个离心力场中。由于油、水和杂质所产生的离心惯性力各不相同,它们会沿转动轴的径向重新分布。受离心惯性力最大的杂质被甩到最外圈;油的离心惯性力最小,汇聚在转轴附近;水分则位于两者之间。杂质和水分所产生的离心惯性力是其自身重力的几千倍,因此用分油机净化油料能缩短净化时间和提高净化效果。根据混合液体的这一特性,船舶上通常采用叠片式(亦称转盘式)分油机来净化燃油。

燃油的供给

将经过沉淀、分离净化后符合要求的燃油驳入燃油日用柜,再靠燃油供给泵或自身重力使燃油经过滤器过滤后输送到主机、副机和锅炉。近年来,随着高黏度劣质燃油的使用,预热温度大大升高。为避免高黏度重油在使用时因预热温度过高(重油一般加热到 $100 \sim 150 \ ℃$)而汽化,在燃油日用柜与燃油循环油路之间增设了一台输送泵,形成了加压式燃油系统。

滑油系统

柴油机主机在运转中,需要不断地向各运动副提供一定黏度的滑油,保证运动副的摩擦面能得到良好的润滑,并带走多余的热量。柴油机的滑油相当于人体的血液,它的好坏直接决定着主机的安全、性能及使用寿命,所以必须保证足够大的压力和流量,否则会导致柴油机自动停车或者降速。主机滑油系统包括曲轴箱滑油系统、气缸油注油系统和曲轴箱净化系统。图3-5中红笔圈出的部分是需要润滑的部件。

冷却系统

冷却系统将充足、连续和温度适宜的冷却剂供给船舶动力装置的各个需要冷却的部位,并将其多余的热量带走,确保船舶动力装置能正常、可靠地工作。柴油机中燃油燃烧放出的热量有 $30\% \sim 33\%$ 要通过气缸、气缸盖和活塞等部件向外界扩散。

船舶动力装置中使用的冷却剂主要有海水、淡水、滑油、燃油和空气等,其中最常用的是海水和淡水,根据冷却方式和工作特点的不同,冷却系统分为以下几种形式:

开式冷却系统

开式冷却系统是用海水作为冷却剂来进行冷却的系统,其冷却内容包括淡水、滑油、增压空气和空气压缩机等,使用过的海水要排至舷外。其系统的

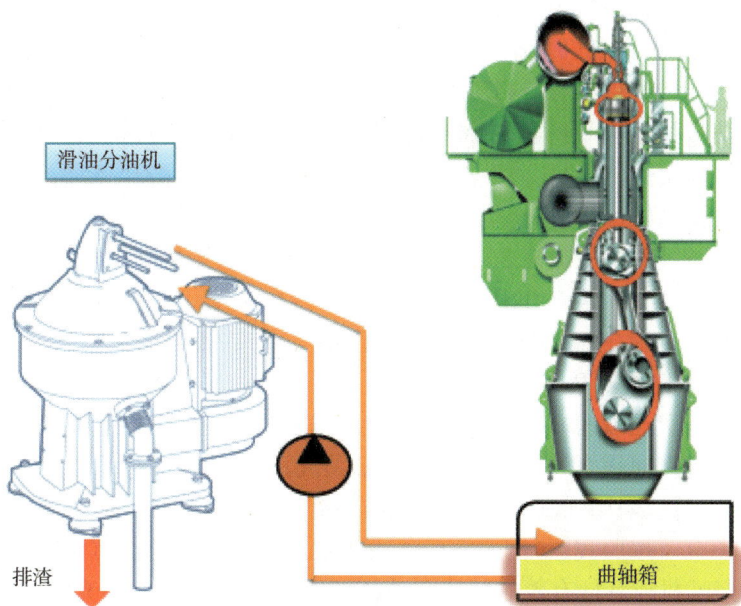

图 3-5 主机滑油系统示意图

基本组成包括海底阀和大排量的海水泵。需要注意的是,船舶进港后,由于水面下的泥沙等污物较多,多使用高位海底阀;在海上航行时,为防止风浪造成空吸,多使用低位海底阀。当船舶在码头停靠时,一般停止使用码头一侧的海底阀,而改用外侧海底阀,以防污物阻塞。

闭式冷却系统

受热件的工作条件不同,其所要求的冷却剂的温度、压力和基本组成也各不相同。因而各受热件的冷却系统通常由几个单独的系统组成,一般分为缸套和气缸盖、活塞、喷油器三个闭式冷却系统(淡水作为冷却剂)。

中央冷却系统

从20世纪70年代初期开始,出现了一种新型的柴油机冷却系统,即中央冷却系统。这种冷却系统的基本特点是使用不同工作温度的两个单独的淡水循环系统,包括高温(80~85 ℃)淡水闭式系统和低温(30~40 ℃)淡水闭式系统。前者用于冷却主机,后者用于冷却高温淡水和各种冷却器。受热后的低温淡水再在一个中央冷却器中由开式冷却系统(海水作为冷却剂)进行冷却。由此,可保证只使用一个用海水作为冷却剂的冷却器。

压缩空气系统

在柴油机动力装置中,压缩空气系统是保证船舶正常运行的不可或缺的动力源。在以柴油机为主机的船上,压缩空气的用途主要有:启动柴油机(主机、副机和应急发电机);作为主机的控制气源;作为其他设备的控制气源,如供油单元、分油机、离心泵自吸装置、油水分离器和自清滤器等;驱动汽笛;驱动气动防火风闸和百叶窗;控制快关阀的关闭动作;杂用,如压力水柜保压、吹扫零件和设备、驱动气动工具;等等。

空气压缩机(简称空压机)是产生压缩空气的动力设备,是压缩空气系统的核心。每艘船一般设有2～3台排压为3兆帕的空压机向主空气瓶供气,如图3-6所示,其他需要较低压力空气的场所则由主空气瓶经减压阀供气。大型船舶有的也设主空压机、辅空压机、杂用空压机,各自向主空气瓶、辅空气瓶和杂用空气瓶供气。

船舶一般还设有一台小型柴油机驱动的或手摇式应急空压机(如图3-7所示),可直接向辅空气瓶或应急空气瓶供气,以备应急时使用。辅空压机气缸呈V形布置,采用强制对流空气冷却,如图3-8所示。辅空压机电机由应急配电板供电。按照我国《钢质海船入级规范》的要求,应急空压机应采用手动启动的柴油机或其他有效的装置驱动,以保证对空气瓶的初始充气。

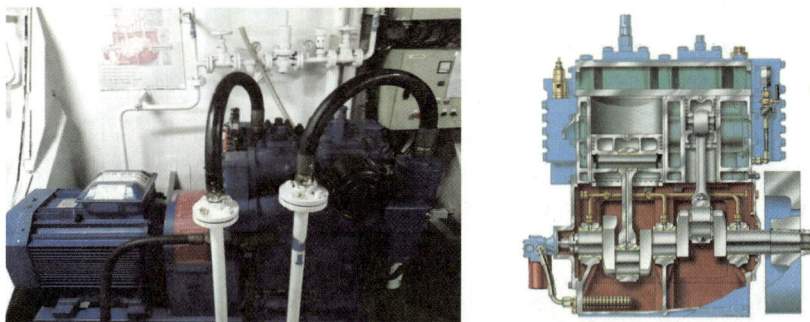

图3-6　某船主空压机及其剖面图

图3-7　手摇式应急空压机

图3-8　某船辅空压机

压缩空气系统主要包括空压机、空气瓶、减压阀和安全阀等设备和管路。空气减压阀站如图3-9所示。其作用是向用气设备提供压力和流量等符合参数要求的压缩空气。

图3-9　空气减压阀站

主空气瓶可以向船舶所有用气设备提供压缩空气,如图3-10所示。我国《钢质海船入级规范》要求,至少应有2个供主机启动用的主空气瓶,其总容量应在不充气的情况下,保证每台可换向的主机能从冷车连续启动不少于12次(试验时应正、倒车交替进行),对每台不能换向的柴油机能从冷车连续启动不少于6次;至少应设2台空气压缩机,其中一台应为独立驱动,其总排量应能在1小时内使空气瓶由大气压力升至连续启动所需要的压力。

图3-10　主空气瓶

每个主空气瓶设置1个带截止止回阀的进气管和2个出气管。较粗的出气管向主机、辅机启动供气,或向应急空气瓶供气;较细的出气管经减压阀组和控制空气干燥器向主机提供控制空气和紧急停车空气,或经减压站向其他设备供气。控制空气干燥器采用制冷压缩机组将空气冷却到2~5 ℃,以彻底凝结出其中的残液并泄放,确保主机控制系统用气的清洁。

减压站由进口截止阀、出口截止阀、滤器、减压阀、安全阀和压力表等元件构成。某船共有三组减压站、第一组减压站的出口压力为0.7兆帕,向主机增压器清洗机构、快关阀控制空气瓶、烟囱气动百叶窗及防火风闸控制空气瓶等供气、第二组减压站的出口压力为1.0兆帕,向汽笛空气瓶、杂用空气瓶等供气。第三组减压站是杂用空气瓶出口设置的0.4兆帕的减压站。杂用空气瓶向全船的日用海水压力水柜、淡水压力水柜、饮用压力水柜及机舱和甲板舱室等提供杂用空气；有一路压缩空气接到海底阀箱，可对附着在格栅上的淤泥和海底生物进行吹除，特别是在比较脏的浅水航道，可以防止格栅被突然脏堵，造成冷却水断流或流量不足。

空气瓶均设置安全阀。其中，主、辅空气瓶因为压力高、容积大，所以其安全阀放气口通过管路连接到烟囱顶部，以防伤及人员；其他空气瓶的安全阀则就地放气。此外，虽然空压机各级均设置放残阀，但压缩空气中仍然会含有少量的残液，所以空气瓶也设置放残阀，应定期打开放残以保持压缩空气的清洁。未经良好放残的压缩空气会导致系统元件腐蚀、结垢、堵塞等。

因为空气无污染、资源丰富，所以压缩空气系统采用开式系统，压缩空气被使用完经泄压后可直接释放到大气中。

船舶还需要哪些通用管路系统？

船舶辅助管路系统又称船舶通用管路系统，主要包括船舶压载水系统、舱底水系统、船舶供水系统、船舶消防系统、机舱通风系统等。其作用是保证船舶不沉、防火、防污染和安全航行，以及满足船员和旅客的生活需要。

船舶压载水系统

船舶压载水系统的作用是：根据船舶营运的需要，对全船压载舱进行注入或排出，以调整船舶的吃水、船体纵向和横向的平稳、安全的稳心高度；减小船体变形，以免引起过大的弯曲力矩与剪切力，从而降低船体振动；改善空舱适航性。

船舶压载水系统主要由压载水泵、压载水管路、压载舱及有关阀件或阀箱组成。

货船的压载水量一般占船舶载货量的50%~70%；油船的货油舱可兼作压载水舱，有的油船还设专用压载舱，油船的压载水量占船舶货油量的40%~60%。

船舶压载水系统既要将水注入压载水舱，又要通过同一管道将压载水舱中的水排出。因此，压载水系统管路应具有"可进可出"双向流动的工作特点。

船舶压载水系统中各种设备的日常维护管理均由轮机部负责。

舱底水系统

在船舶的正常营运中,机舱设备的池水、各种管路的泄漏、冲洗水等均聚集于舱底,形成舱底水。通常,机舱的舱底水最多。

舱底水的危害:舱底积水对船体有腐蚀作用;货舱积水会浸湿货物,造成货损;机舱舱底积水会使机电设备受潮或浸水损坏,影响机器正常运转,并给管理工作带来困难。舱底水积存过多将会严重影响船舶稳性并危及航行安全。

舱底水系统的作用是及时将机舱和货舱的舱底积水排至舷外。机舱中所产生的含油污水会自动向舱底的各污水井汇聚并形成舱底水。如污水井液位达到一定高度,可利用日用舱底水泵(如图3-11所示)将其中的污水输送至容积较大的舱底水舱进行储存。在规定区域便可使用油水分离器对舱底水中的含油污水进行处理,在含油浓度不超过15ppm的情况下将其排放入海,如图3-12所示。此外,油水分离器也可以直接从各污水井吸入舱底水。

图3-11 日用舱底水泵

图3-12 油水分离器

船舶供水系统

船舶供水系统包括饮用水系统、生活淡水系统、卫生海水系统等。饮用水系统主要供应厨房用水、饮用水和医疗用水等;生活淡水系统主要供应浴室、洗衣室、洗物池和洗手盆等处的冷、热洗涤水;卫生海水系统从舷外吸取海水,供厕所等处冲洗用。船舶供水系统的主要设备有储存舱、水泵、管路、附件、检测仪表压力水柜、水加热器等。船舶供水系统的供水方式分为重力供水和压力供水两种。目前,大、中型海船基本采用压力供水方式。压力供水的特点是设置压力水柜,借助水柜中空气的压力将水送至各用水处,如图3-13所示。

图3-13　压力水柜

船舶消防系统

　　船上存在许多火源。船舶远离陆地,自身消防能力较差,发生火灾时难以疏散和救助,所以一旦失火将会带来巨大的损失,甚至导致沉船。

　　船舶消防系统的作用是预防火灾的发生、制止火势的蔓延,并可迅速灭火,将火灾的损失减至最低。船舶消防的基本功能是防火、探火和灭火。船舶防火是指从船体材料、船体结构、布置和设施上来防止火灾的发生、限制火势的蔓延;船舶探火是指通过报警使人们及早发现火情、及早采取灭火措施,减少损失;船舶灭火是指根据火灾的情况、灭火介质等的不同,使用不同的灭火系统。

　　船舶消防系统实际上指的是船舶的灭火系统。船舶应设置固定式消防系统,使用有效的灭火剂,如水、蒸汽、二氧化碳、泡沫和干粉等。固定式消防系统主要分为水消防系统、蒸汽消防系统、二氧化碳消防系统、泡沫消防系统和干粉消防系统。

机舱通风系统

　　机舱是集中放置主机、辅机、辅锅炉和各种机械设备的舱室。发动机和锅炉等机械设备在运行时为保证燃料燃烧,均需要一定量的空气。1千克燃油完全燃烧时所需的空气量大约为14.31千克。一艘19 160标准箱集装箱船的主机功率为75 570千瓦,每天消耗燃油大约为290吨,所需空气量约为4 150吨。这些机械工作时会散出大量热量,使机舱温度逐渐升高。此外,机舱内燃油和润滑油在工作过程中会逸出大量油气;辅锅炉、蒸汽辅机、热水井和蒸汽管路会泄放(或逸出)一定量的水蒸气;工作人员也要呼出相当数量的二氧化碳。因此,机舱的通风尤为重要。

机舱通风方式一般分为自然通风和机械通风两类。大、中型船舶机舱通常采用机械通风并设置相应的通风管路系统。机械通风是利用风机进行送风和排风的,即用送风机将舱外新鲜的空气送入机舱(如图3-14所示),用排风机将热空气排出机舱(如图3-15所示)。

图3-14　机舱送风机风筒

图3-15　机舱排风机风筒

第四章

机舱应急设备

船舶装设应急设备的目的是应对船舶出现的故障或险情等紧急情况，如船壳破损漏水、船舶发生火情、影响航行的主用设备损坏、遥控系统故障等。应急设备按其功能可分为：应急动力设备、应急消防设备、应急救生设备和其他应急设备。要定期对这些应急设备进行安全检查。船舶安全检查根据被检船舶的国籍分为船旗国监督（Flag State Control，缩写 FSC）和港口国监督（Port State Control，缩写 PSC）。船旗国监督是针对到港的本国籍船舶实施的监督检查，港口国监督则是针对到港的外国籍船舶实施的监督检查。国际公约规定的缔约国都应履行船旗国监督与港口国监督。在船舶安全检查中，救生、消防等应急设备是检查的重点，其他检查内容包括船舶技术状况、操作性要求、船舶配员等的检查。

应急动力设备

应急动力设备主要包括应急电源、应急空气压缩机（简称应急空压机）、应急舵和应急操舵装置等。

应急电源

船舶正常都是由船上的主电源供电的,一旦主电源出现故障,就必须由应急电源向船上重要场所的照明灯、航行灯、信号灯、无线电通信设备、报警系统、操舵装置等应急设备短时供电(客船需供电36小时、货船需供电18小时),以便在紧急情况时,能保证船岸通信的畅通及船上人员的安全撤离。国际公约和规范要求在应急情况下:

● 应急电源应布置于经认可的最高一层连续甲板以上和机舱棚以外的处所,使其确保当船舶发生火灾或其他灾难致使主电源装置失效时能起作用。

● 在船舶横倾22.5°和/或纵倾10°时仍能起作用。

● 应急电源可以是由独立的冷却系统、燃油系统和启动装置的柴油机驱动的发电机。原动机的自动启动系统和原动机的特性均应能使应急发电机在安全且实际可行的前提下尽快地承载额定负载(最长不超过45秒)。

● 应急电源也可以是蓄电池组。

应急发电机在船舶主电源出现故障、全船失电的情况下,能自动启动,并在45秒内对船舶应急照明和应急设备进行供电,如图4-1所示。应急发电机的启动方式主要有:

● 主启动:应急空气瓶如图4-2(a)所示,至少供3次连续启动的压力。

● 第二套独立的启动装置:蓄电池组[如图4-2(b)所示]供电,电动马达启动。

● 人工启动:弹簧储能启动。

应急发电机每月进行一次启动试验并记录,每月进行一次效用试验并记录,要求30分钟内能够连续启动3次。

图4-1 应急发电机

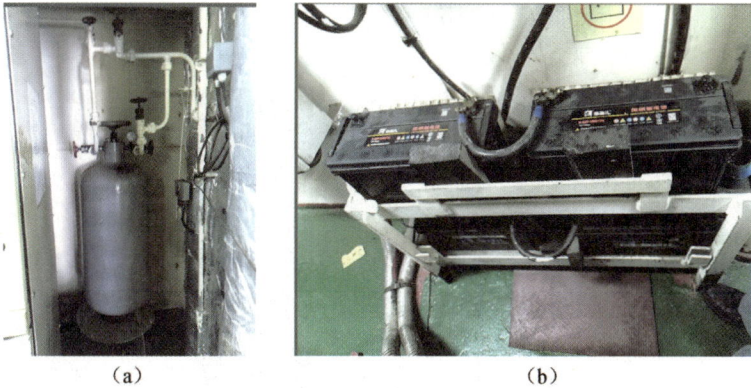

（a）　　　　　　　　　　　　（b）

图4-2　应急空气瓶和应急发电机启动蓄电池组

　　应急电源的供电范围：登乘救生艇筏的集合地点、所有服务及起居处所内的通道、梯道、出入口、消防员装备贮放处所、应急设备操作处、《1972年国际海上避碰规则》所要求的航行灯和其他信号灯、通信设备、助航设备等。一般应急照明标用红色进行标志，图4-3和图4-4所示分别为应急集合地点照明和起居处所出入口照明实物图。

图4-3　应急集合地点照明

图4-4　起居处所出入口照明

应急空压机

　　按照我国《钢质海船入级规范》的要求,应急空压机应采用手动启动的柴油机或其他有效的装置驱动,以保证对应急空气瓶的初始充气,如图4-5所示。应急空压机是船舶从瘫船状态恢复运转的原始动力。瘫船状态是指包括动力源在内的整个船舶动力装置停止工作,而且使主推进装置运转和主动力源的辅助用途恢复的压缩空气和启动蓄电池组等都不起作用。

　　瘫船启动的核心就是恢复能源供应,压缩空气和电力是两种必需的能源,它们也是相辅相成的,只要一种能源恢复了,另一种能源也就恢复了。在实际布置中,瘫船启动的方式是多种多样的。图4-6是一种瘫船启动示意图,其过程如下:首先靠人力用手摇式空压机将应急空气瓶打至规定的压力,此时应急发电机可以启动;应急配电板供电后,可以为上述一些应急设备(包括辅助空压机)供电,于是可以向辅空气瓶(发电机专用)充气至规定的压力,将发电机启

图4-5　应急空压机和应急空气瓶

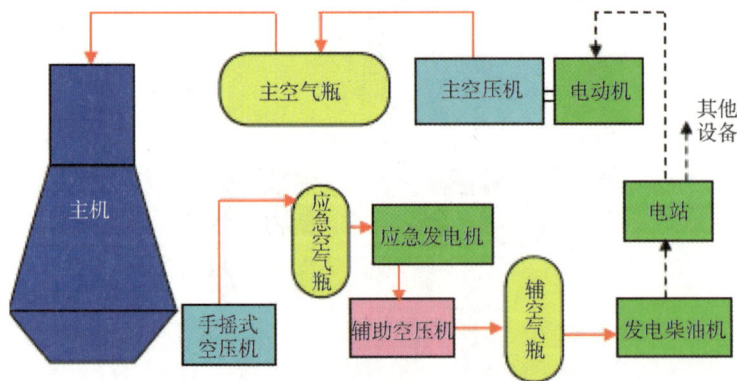

图4-6　一种瘫船启动示意图

动;主配电板有电后,可以为主空压机和其他设备供电;主空压机工作后可将主空气瓶充气至规定的压力,这样主机就可以正常启动了。

应急舵和应急操舵装置

每艘船都应配备主操舵装置和辅助操舵装置,并且某一装置发生故障时不会导致另一装置不能工作。对于辅助操舵装置:应能在紧急状态下迅速投入工作(舵机舱应急控制板如图4-7所示),并能在船舶最深航海吃水和以最大营运前进航速的一半或7节(取大者)时进行操舵,在60秒内将舵自一舷15°转至另一舷15°;其操作在舵机舱进行,如系动力操纵也应能在驾驶台进行,并应独立于主操舵装置的控制系统;驾驶台与舵机舱之间应备有通信设施,如图4-8所示。有些远洋船舶舵机的主操舵装置与辅助操舵装置完全相同。但两台油泵机组中有一台为应急舵,只是动力电源来自应急配电板。当有些船舶主电网因故障而不能供电时,由应急配电板供电的油泵机组仍能够使用,以保持船舶航向。

图4-7 舵机舱应急控制板

图4-8 舵机舱通信设施和指示仪表

应急消防设备

应急消防设备主要有:应急消防泵、燃油速闭阀、风油应急切断开关、通风筒防火板应急关闭装置等。

应急消防泵

应急消防泵是当机舱进水、失火或全船失电时,用来提供消防水的设施。固定式应急消防泵应设在机舱以外,其原动机为柴油机或电动机。电动应急消防泵需由主配电板和应急配电板供电。柴油机带动的应急消防泵如图4-9所示。

这些启动装置应能在30分钟内至少使动力源驱动柴油机启动6次,并在前10分钟内至少启动2次。任何燃油供给柜所装盛的燃油,应能使该泵在全负荷下至少运行3小时;在主机舱以外可供使用的储备燃油,应能使该泵在全负荷下再运行15小时。

应急消防泵每周进行效用试验并做记录。

图4-9　柴油机带动的应急消防泵

通风系统及机器处所的特殊布置

通风筒防火板及天窗、烟囱的应急关闭装置的作用是在失火时能通过外部操纵来停止用于机器处所及装货处所的通风机和关闭通达该处所的一切门道、通风筒、烟囱周围的环状空间。气动百叶窗如图4-10所示。

速闭阀是设在双层底上方的储油柜、沉淀油柜和日用油柜的每一根吸油管上,当该油柜所在处失火时可以从有关处所的外部进行关闭的旋塞或阀。速闭阀控制系统如图4-11所示。

图4-10　气动百叶窗

图4-11　速闭阀控制系统

　　船上燃油速闭阀（如图4-12所示）和通风筒防火板的应急关闭装置的动力一般是压缩空气。在紧急情况下，将空气瓶阀门和有关油舱柜空气阀门打开，可以迅速地将速闭阀关闭。要求每六个月对速闭阀进行就地、遥控关闭试验。

　　风机油泵速停装置的作用是在强力送风机或排风机、燃油驳运泵和燃油装置所用的泵及其他类似的燃油驱动机械等处的外部装设遥控装置，以便于在这些处所失火时使其停止工作。风油切断装置如图4-13所示。

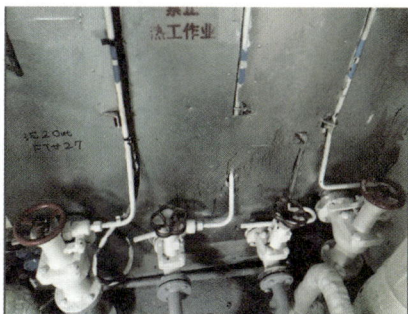

图4-12　燃油速闭阀

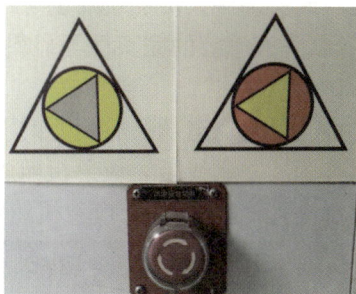

图4-13　风油切断装置

应急救生设备

　　应急救生设备主要有救生艇发动机和机舱脱险通道等。

救生艇发动机一般由四冲程柴油机驱动,发动机应设手动启动系统,或者设两个独立的可再次充电的电源启动系统。某船救生艇发动机如图4-14所示,发动机控制台如图4-15所示。每周都要对发动机进行启动和正、倒车换向试验,每次试验时间不得少于3分钟。

图4-14　某船救生艇发动机

图4-15　发动机控制台

机舱脱险通道主要用于在机舱发生火灾时应急逃生,也可以用于探火、救助被困人员。一旦出现机舱火势无法控制的紧急情况,机舱脱险通道的完整性就成了确保人员能否安全、及时撤离的关键,因此机舱脱险通道的照明、通畅性、防火遮蔽的完整性等显得尤为重要。机舱应急逃生口和脱险通道如图4-16所示。

机舱脱险通道从机舱处所的下部起至该处所外面的一个安全地点,应能提供连续的防火遮蔽。应急机舱脱险通道应有用箭头表示的指引牌(用荧光材料制成)。应定期检查应急机舱脱险通道内部的照明是否正常。

图4-16　机舱应急逃生口和脱险通道

有些船上的机舱脱险通道中设有一条安全绳,应保证其状态良好。常见的安全绳有各种形式,如配有安全带、滑轮,打上间隔结等。

机舱进水时的应急设备

机舱进水时的应急设备包括水密门、应急舱底水吸口和吸入阀等。

水密门是指设置在水密舱壁上具有水密性的门,当船体破裂时可用来抵挡船体漫水。水密门和机旁操控站如图4-17所示。因此在航行中应保持水密门关闭。水密门应为滑动门、铰链门或其他等效形式的门。任何水密门操作装置,无论是否为动力操作,均须于船舶横倾15°时能将水密门关闭。水密门的关闭装置应可以在本地两面操纵或远距离操纵。在远距离操纵处应设有水密门开关状态的指示器,如图4-18所示。

图4-17　水密门和机旁操控站

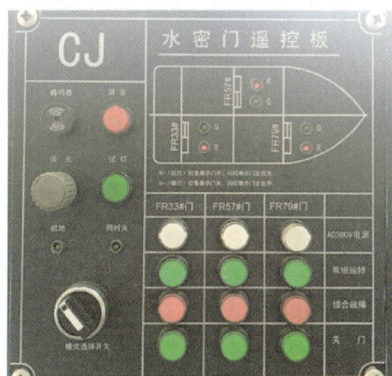

图4-18　水密门开关状态的指示器

机舱应设一个应急舱底水吸口,其作用是在机舱意外进水的紧急情况下,通过此吸口由海水泵往舷外排水,因此应与排量最大的一台海水泵相连,如主海水泵、压载泵、通用泵等。应急舱底水吸口和主海水泵如图4-19所示。在应急舱底水吸口与泵的连接管路上装设截止止回阀,阀杆应适当延伸,使阀的开关手轮在花铁板以上的高度至少为460毫米。

图4-19　应急舱底水吸口和主海水泵

应定期清洁机舱应急舱底水吸口,防止被污物堵塞;截止止回阀阀杆应定期加油活络,防止锈死,保证能正常开关。

第五章

甲板机械

　　船舶甲板机械主要包括舵机、起货机、锚机、绞缆机、吊艇机、舷梯升降机、舱盖板启闭装置等，此类设备一般位于机舱之外，由甲板部人员操作，但由轮机部人员负责进行日常保养。甲板机械所用动力可以是气动、蒸汽、电动、液压等。目前，液压或电动已经成为船舶甲板机械的主要动力类型。

你知道液压千斤顶是如何工作的吗?

　　液压传动是利用液压泵输出的高压液体的压力能来驱动液压缸或液压马达，从而带动工作机械做功。液压传动系统的组成部件如下：动力元件——液压泵，其作用是将机械能转化为液压油的压力能；执行元件——液压缸或液压马达，其作用是将液压能转化为带动工作部件运动的机械能；控制元件——各种液压阀，其作用是控制液压系统中液压油的流向、流量和压力；辅助元件——包括油箱、滤器、蓄能器、压力表、换热器、油管、密封件等。

　　液压传动原理(以千斤顶为例)如图5-1所示。力作用在杠杆上：当上抬杠杆时，小活塞在液压缸里上行，单向阀打开，油箱里的液压油通过吸油管进入液压缸内；当下压杠杆时，左侧的单向阀关闭，右侧的单向阀开启，油液进入大液压缸,推动大活塞上行顶起重物。工作完毕后将截止阀打开,油泄放回油箱,大活塞下落。

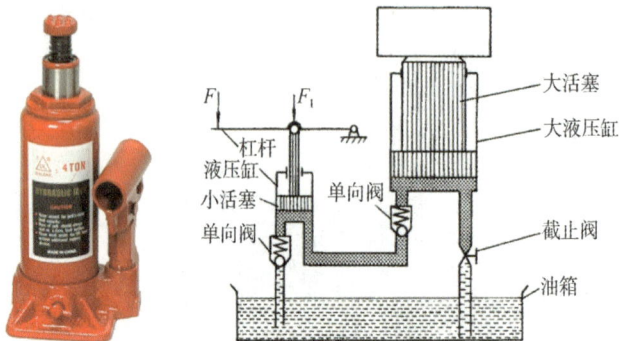

图5-1 液压千斤顶原理图

船舶控制航向的设备——舵机

船舶必须装备控制航向的设备,才能具有良好的操纵性能。绝大多数船都把舵作为控制航向的设备。舵装置由舵和舵机组成。舵布置在船尾螺旋桨的后侧,舵叶左右转动可以相应地改变船舶航行方向。打左舵时,船舶左转;打右舵时,船舶右转。舵机是控制舵叶转动的机械设备,布置在船尾的舵机房内。液压舵机利用液体的不可压缩性及流量和流向的可控性来达到操舵的目的。除小船采用平板舵外,为了提高舵效和推进效率,大船的舵叶都采用钢板焊接的对称机翼形空心结构,称为复板舵。转叶式舵机如图5-2所示,舵叶如5-3所示。

图5-2 转叶式舵机

图5-3　舵叶

驾驶台舵机有三种操作方式:自动舵、手操舵和应急操舵,如图5-4所示。船舶在海上正常航行时,应采用自动舵;船舶在机动航行时,应采用手操舵;当以上两种操舵方式都出现故障时,应采用应急操舵。在舵机机舱,有机旁应急操舵方式。正常工作时,舵机机舱内的舵机控制箱上的控制位置转换开关在遥控位置,当驾驶台三种操控方式均失灵时,需要将控制位置转换开关转换到本地控制位置,由操舵人员操作控制箱上的操舵按钮来控制舵机。驾驶台和舵机舱的应急操舵需定期试验,以确保其功能正常。

图5-4　驾驶台舵机操作台

为了了解舵叶所处的实际舵角并便于驾驶人员对船舶的操纵,除了用与舵柄或舵杆相连的指针来指示实际舵角外,还应在驾驶台、集控室、舵机室、轮机长室和船长室等处设电动舵角指示器来显示舵角。机旁舵角指示器如图5-5所示,遥控舵角指示器如图5-6所示。现代的船舶舵机一般都同时装有驾驶台遥控的随动操舵系统和自动操舵系统。所谓随动操舵系统,是指在操舵者发出舵角指令后,不仅可使舵按指定方向转动,在舵转到指令舵角后还能自动停止的操舵系统。自动操舵系统是在船舶长时间沿指定航向航行时使用的,它能在船因风、流及螺旋桨的不对称作用等造成偏航时,靠罗经测知并自动发出使操舵装置改变舵角的信号,确保船舶能自动保持既定航行。同时还设有非随动舵,它只能控制舵机的启停和转舵方向,当舵转至所需要的舵角时,操舵者必须再次发出停止转舵的信号,才能使舵停转。非随动舵既可以在驾驶台操纵,也可以在舵机室操纵,以备应急操舵或检修、调试舵机之用。

IMO《1974年国际海上人命安全公约》(SOLAS公约)要求:主操舵装置能在船舶最大航海吃水和最大营运前进航速时进行操舵,使舵自任一舷的35°转至另一舷的35°,并且于相同的条件下自一舷的35°转至另一舷的30°所需时间不超过28秒;辅助操舵装置能在紧急情况下迅速投入工作,应能在船舶最大航海吃水和以最大营运前进航速的一半但不小于7节时进行操舵,使舵从一舷15°转至另一舷15°,且所需时间不超过60秒。

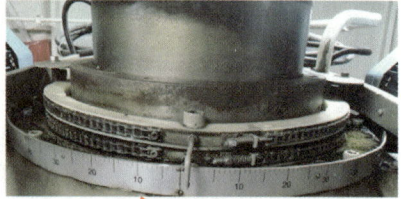

图5-5 机旁舵角指示器

图5-6 遥控舵角指示器

船舶装卸货物——起货机

船舶的营运时间主要由航行时间和停泊时间两部分组成。对货船而言，停泊时间的长短主要取决于货物的装卸速度。除固定航线的专用船舶和在码头上装有专用装卸机械的情况外，大多数船上都装设起货机械，如用于装卸货物的起货机等。

根据动力的不同，船舶起货机可分为电动起货机和液压起货机（如图5-7所示）；根据起货结构的不同，船舶起货机可分为吊杆式起货机和回转式起货机。吊杆式起货机是船上应用最早的起货机。目前，对于大型船舶起货机而言，回转式液压起货机应用得较为广泛。

回转式液压起货机常音译为克令吊（如图5-8所示），外形与鹤（如图5-9所示）相似。为了能安全、有效地装卸货物，液压回转式起货机必须具备可以使货物升降的起升系统、使吊臂上下移动的变幅系统和使塔身360°转动的回转系统，这样才能为前、后货舱工作，才能准确地把货物吊放到指定地点，从而提高装卸效率。

图5-7　液压起货机

53

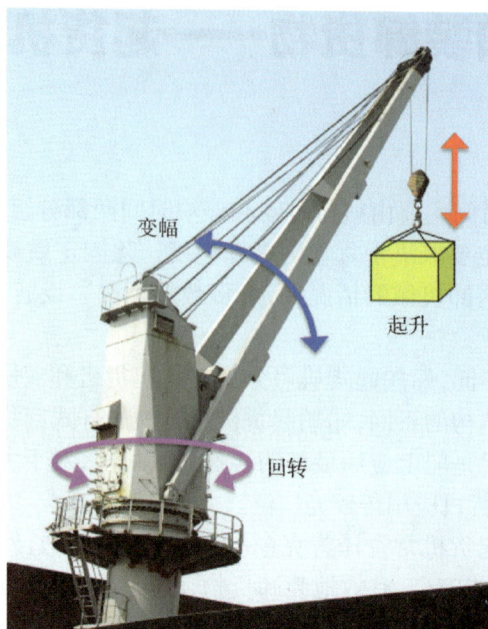

图5-8　克令吊

图5-9　鹤

　　有的船在艇甲板后部左、右两舷各设一台救生筏兼物料吊,如图5-10所示,用于吊放救生筏,并可作为起重机,吊放物料、备件和伙食等。手动小物料吊如图5-11所示。

图5-10　救生筏兼物料吊

图5-11　手动小物料吊

船舶锚泊设备——锚机和绞缆机

船舶驶达港口，常因等候引航员或泊位，以及接受检疫、避风、候潮或过驳等而需在港外停泊。为能在停泊时抵御风及水流作用在船体上的力并保持船位不变，就需要抛锚，故船舶需配置锚设备。此外，锚设备也是操纵船舶的辅助设备，如靠离码头、系离浮筒、狭水道调头、需紧急减速或需紧急停船等，都要用到锚。

锚设备主要包括锚机、锚链、锚链筒、锚链管、制链器等，如图5-12所示，用于收放锚和锚链的设备便是锚机。

图5-12　锚设备

在正常的气候条件下，船舶锚泊时抛出的锚链长度一般为水深的2~4倍，借助锚对水底的抓力、锚链与水底的移动阻力和锚链的重力来降低风、水流等的影响，从而保持船舶定位。起单锚时的最大拉力通常发生在拔锚破土时，为避免锚机超负荷工作，应利用主机和舵机来使船首两边摆动，直至被埋的锚脱离淤泥后再用锚机正常起锚。

制链器是船舶上遇突发性险情时紧急弃锚的装置。当船舶在海上抛锚时，如果在特殊情况下需应急起锚，但锚机因发生故障而不能及时起锚，将威胁船舶的安全，那么船员必须立即到锚链舱外侧操作弃锚器，使末端链环与弃锚器脱开弃锚，保证船舶安全航行。

锚机应满足的要求主要有：必须由独立的原动机或电动机驱动；在航行锚泊试验时，锚机应能以不小于0.15米/秒的平均速度（公称速度）将单锚从水深82.5米处（3节锚链入水）拉起至27.5米处（1节锚链入水）；所有动力操纵的锚机均应能倒转；等等。

船舶进行拖船作业、进出船坞、系靠码头，或系靠浮筒及其他船舶时，用于绞缆、系缆的设备称为系泊设备。系泊设备主要由系缆索、导缆装置、缆桩、绞缆机（如图5-13所示）及绳车、碰垫等组成。船尾和大船的中部一般都设置独立的绞缆机，而船首大多由锚机兼首绞缆机实施绞缆功能。原动机通过涡轮减速器转动卷缆筒，再通过齿轮减速转动锚链轮。用于绞缆时可通过手柄使锚链轮的牙嵌式离合器脱开。抛锚时可脱开离合器，靠锚链自动进行；必要时也可将离合器合上，由于涡轮减速器有自锁作用，抛锚速度受原动机转速的限定。

图5-13　绞缆机

自动张力绞缆机，根据缆绳张力（油压）自动收缆或放缆，保持缆绳张力在一定的范围内。普通绞缆机操作结束后用刹车固定，但自动绞缆机不能刹车。

绞缆机应满足的要求主要有：绞缆机应保证在受风6级以下时（风向垂直于船体中心线）能系住船舶；绞缆机在额定拉力时的公称绞缆速度一般在15米/分钟左右，空载绞缆速度一般为公称速度的2~3倍等。

减小船舶摇晃的设备——减摇装置

船舶在大海中前后摇晃、上下颠簸。船舶的摇荡主要有下列六种形式：横摇、纵摇、首摇、垂荡（又称升沉）、横荡、纵荡。其中横摇又最易发生，摇荡幅值也最大，它影响船舶的安全性，使船上的工作条件变差，还会导致货物碰撞及损伤，因此船舶减摇装置以减小横摇为主要目的。

减小船舶横摇有两个途径：一是增加船体横摇阻尼；二是增加复原力矩或减小横摇力矩。那么有什么设备能帮助船舶减轻摇晃程度呢？舭龙骨是最原始、最经济的横摇阻尼设备，装于船中两舷舭部外侧，是与舭部外板垂直的长条形板材结构，如图5-14所示。早在百余年前，贝克等人就在船的侧面、舭部和底部等处装舭龙骨进行试验。试验表明：装在舭部的舭龙骨的减摇效果最好，因为舭部距船重心最远；舭部曲率大，因为此处的流速较大，增大了舭龙骨引起的阻尼力矩。舭龙骨的尺寸也是影响减摇效果的因素：(1)舭龙骨的宽度对减摇效果有影响，因为舭龙骨引起的附加阻尼随宽度的增加而增大；(2)舭龙骨的长度一般占船长的 $\frac{1}{3} \sim \frac{1}{2}$ ，其对减摇效果有影响。

图5-14　舭龙骨

减摇水舱

减摇水舱是船体内部左右舷连通的U形或槽形水舱，分为主动式和被动式。在减摇水舱内注入适量的水，通过船本身的横摇运动引起水舱内水的物理运动来产生稳定力矩。当船舶侧倾时，水在减摇水舱中产生的减摇力矩与波浪的倾侧力矩正好相反,从而起到减摇作用。船舶的防横倾系统如图5-15所示,这种减摇水舱不需要任何动力,所以称为被动式减摇水舱。主动式减摇水舱的原理是依靠角速度陀螺感应船的横摇角速度信号,控制阀伺服机构,控制阀张开的大小由泵将水从一舷打到另一舷的水量建立稳定力矩。主动式减摇水舱所需设备多,费用比较高,所以在实际中应用较少。

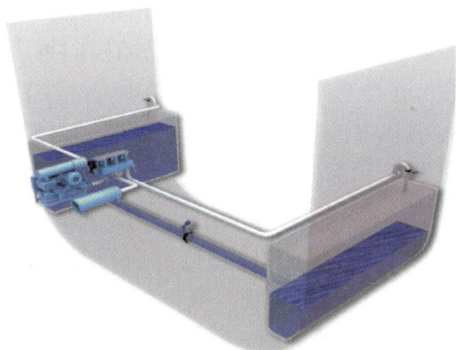

图5-15　船舶的防横倾系统

减摇鳍

减摇鳍(如图5-16所示)是迄今使用最多、效果最好的一种主动式船舶减摇装置,装于船中两舷舭部,剖面为机翼形,又称侧舵。减摇效果最好的可达90%以上。它的减摇原理是:船舶在水中行驶时,通过操纵机构转动减摇鳍,当鳍在水中有一个速度和倾斜角的时候,就会产生一个升力,利用此升力产生的力矩来抵抗海浪的干扰力矩,便可达到减小船舶横摇的目的。1985年,英国"玛丽皇后"号船在大风浪条件下进行了减摇鳍性能试验。当减摇鳍工作时,船的横摇角为2°左右;当减摇鳍不工作时,船的横摇角为25°左右。可见其减摇效果是相当可观的。减摇鳍的减摇效果取决于航速,航速越快,效果越好,这是因为减摇鳍的升力与航速的平方成正比,因此,在低速航行时升力很小,减摇作用差。可收式减摇鳍只有在船舶进入宽敞水域后才能放出,并在进入窄水道、浅水道前将鳍收回,以免碰伤鳍片。当船舶的横摇角不大时,应停止使用减摇鳍,以免增大船舶航行阻力。

舵减摇

舵减摇是利用舵力产生的横摇力矩来减摇的。一般船舶对横摇力矩的响应周期是8～12秒,而对首摇(转向)力矩的响应周期是30～35秒。这种巨大差别允许将转向和减摇控制信号同时施加给舵,而不致产生不良的相互响应,因此可利用操舵来减小船舶横摇。

舵减摇的最大优点是取消了昂贵的减摇鳍装置,有很好的经济性。只要对舵机加装减摇控制环节,就可使某些现有船舶具备减摇能力。但现有舵机用作减摇后,舵减摇需要很大的功率和舵速,另外舵减摇控制器对船舶参数高度敏感,船舶参数的变化会使减摇效果下降,甚至导致减摇控制失败。

侧推器(如图5-16所示)是一种能产生船舶横向推力的特殊推进装置,其工作原理与螺旋桨推进器基本相同。它装在船首或船尾水线以下的横向导筒中,产生的推力大小和方向均可根据需要改变。船舶在靠离码头、过运河、进出水闸、穿过狭窄航道和拥挤水域时,一是要慢速航行,二是要经常用舵改变航向。但航速越慢,舵效越差,越会给船舶操纵带来困难。特别是受风面积大的集装箱船、滚装船、木材船等,在低速航行时,只靠舵效改变航向往往不能满足要求,此时不得不借助拖船。侧推器能够明显地改善船舶低速航行时的操纵性和机动性。侧推器的电动机功率较大,使用前要确保电站容量足够并能满足侧推器的需求。侧推器一般都设有发电机台数联锁装置,达不到规定的电机工作台数时启动不了。航速在5节以下时,方可使用侧推器。

图5-16　船舶侧推器和减摇鳍

第六章

船舶锅炉

　　锅炉是通过燃料的燃烧把化学能转化为热能，使炉内的水变成蒸汽（或热水）的设备。锅炉分锅和炉两部分。锅是容纳水和蒸汽的受压部件，对水进行加热，使其汽化并实现汽水分离；炉是燃料燃烧或其他热能放热的场所，有燃烧设备、燃烧室炉膛及放热烟道等。锅和炉的一体化设计称为锅炉。锅炉中产生的热水或蒸汽可直接为工业生产和人民生活提供所需热能，也可通过蒸汽动力装置转换为机械能，或再通过发电机将机械能转换为电能。提供热水的锅炉称为热水锅炉，主要用于生活，工业生产中也有少量应用。产生蒸汽的锅炉称为蒸汽锅炉，常简称锅炉，多用于火电站、船舶、机车和工矿企业。

船上的蒸汽是如何产生的？

船舶锅炉包括主锅炉和辅助锅炉。

主锅炉

在以蒸汽轮机为主机的船上，能产生高温、高压的过热蒸汽以驱动主蒸汽轮机的锅炉,称为主锅炉,它是船舶动力装置的重要组成部分。这种形式的锅炉在普通商船上已经很少采用了。

蒸汽轮机动力装置,是指主机以蒸汽轮机作为主机的船舶动力装置。采用间接加热的方式,即让燃料在发动机外的锅炉中的锅炉燃烧,锅炉中的水受热产生蒸汽并推动发动机工作,故亦称为外燃式发动机。根据发动机的运动方式不同,蒸汽动力装置可以分为往复式蒸汽机和回转式汽轮机两种。

锅炉的燃料可以是煤、燃油、核燃料等。陆用锅炉有相当一部分采用煤作为燃料。第一次世界大战时期,大部分军舰还是烧煤的。不过烧煤的船无法长期保持最大航速,必须通过定期降低航速来铲除煤渣。因此现在商船和军舰上的锅炉基本都改烧燃油,燃油锅炉如图6-1所示。我国首艘航母"辽宁"号就是使用燃油蒸汽锅炉来驱动蒸汽轮发动机的,它使用的是国产化的4台20万匹马力蒸汽涡轮机。在军舰上,锅炉产生的蒸汽的另一个大的用途就是供应甲板上的蒸汽弹射器。依靠这种弹射器,"尼米兹"号航空母舰在半天之内就可以弹射120架次的飞机进行作战任务。

图6-1　燃油锅炉

在图6-2所示的蒸汽动力装置中,燃料在锅炉内燃烧,将水加热成高温、高压的过热蒸汽,然后送入涡轮机,使热能转变成机械能并带动螺旋桨回转做功,从而推动船舶运动。蒸汽在涡轮机内释放大部分热量,因此温度会降低,一部分蒸汽会变成水,还有一部分蒸汽需要经过冷却器冷却后变成水,然后由水泵送入锅炉中加热,开始一个新的循环。

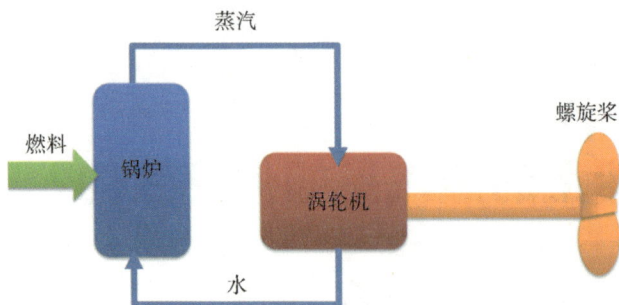

图6-2　蒸汽动力装置示意图

辅助锅炉

在以柴油机为主机的船上,锅炉产生的饱和蒸汽仅用于加热燃油和滑油、满足生活需要（例如，厨房的蒸锅、洗澡用的热水等一般都是靠蒸汽来加热的）或驱动蒸汽辅机，故称为辅助锅炉，如图6-3所示。商船一般设置一台辅助锅炉；油船则因为加热货油、驱动货油泵、清洗油舱等需要大量蒸汽，故一般设置两台辅助锅炉。

商船上的辅助锅炉一般都装有燃油锅炉和废气锅炉。燃油锅炉是利用燃油燃烧时发出的热量来产生蒸汽的。按照受热面的特点，燃油锅炉大致可分为烟管锅炉和水管锅炉两大类。若燃油燃烧产生的烟气在受热面管内流动，管外是水，则该锅炉为烟管锅炉，如图6-4左图所示；若锅炉受热面管内流动的是水或汽水混合物，而烟气在管外流动，则该锅炉为水管锅炉，如图6-4右图所示。

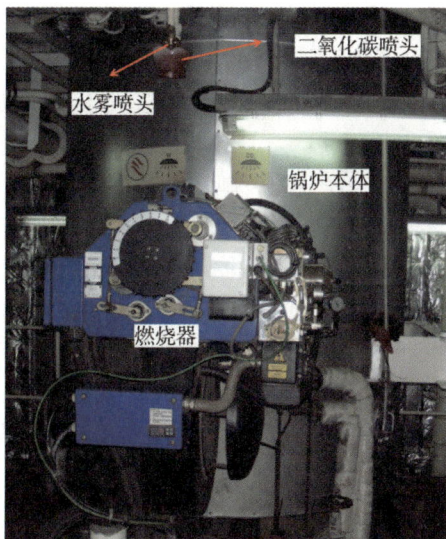

图6-3　辅助锅炉

船舶在航行过程中，主机的排气量很大、温度很高。大型二冲程低速柴油机的排气温度一般在300 ℃以上，四冲程中速柴油机的排气温度可达400 ℃左右。水蒸气在压力为0.5兆帕时，其饱和蒸汽温度为165 ℃；在压力为1.3兆帕时，其饱和蒸汽温度也仅为194 ℃。所以，可以利用船舶主柴油机的排气余热来产生蒸汽。在船舶主柴油机的排气管上，一般都装设有废气锅炉，如图6-5所示。废气锅炉不但可以节约燃油，还可以降低柴油机的排气噪声，起到节能减排的功效。因而，一般商用船舶都会根据柴油机功率和蒸汽耗量配装不同类型与型号的废气锅炉。一艘万吨级油船，利用废气锅炉产生

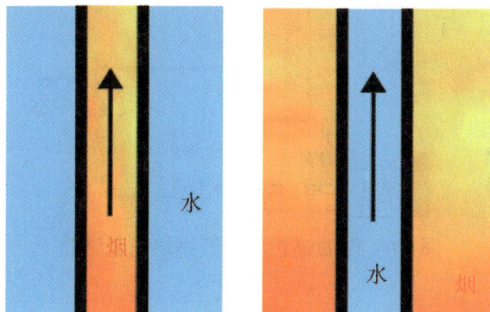

图6-4　烟管锅炉和水管锅炉

的蒸汽来加热货油舱,每月可节省燃油50吨左右。当废气锅炉产生的蒸汽量在满足加热和日常生活之外一般还有剩余时,可用于驱动一台辅汽轮发电机。

　　船舶在靠泊、抛锚等情况下,主机不工作,此时燃油锅炉需投入运行,一般燃油锅炉的启、停是靠蒸汽压力来决定的。例如,某船锅炉启、停压力设定值分别为0.4兆帕和0.7兆帕。当锅炉蒸汽压力低于0.4兆帕时,燃油锅炉开始工作;当高于0.7兆帕时,燃油锅炉停止运行。航行期间,当废气锅炉和燃油锅炉共同为船舶提供蒸汽时:若废气锅炉产生的蒸汽压力足够,则燃油锅炉可不工作;若压力低于设定值,则燃油锅炉会自动投入运行,直到蒸汽压力上升到设定值。

图6-5　立式废气锅炉

燃油锅炉和废气锅炉通常有以下两种关系:

● 两者独立,如图6-6所示,都有各自的给水管路,由给水泵分别从热水井供水,产生的蒸汽由各自的蒸汽管道输出至总蒸汽分配箱汇集。

● 废气锅炉为燃油锅炉的一个附加受热面,如图6-7所示,给水由给水泵仅送至燃油锅炉,由热水循环泵从燃油锅炉供水至废气锅炉,并将汽水混合物压回燃油锅炉,经汽水分离后,蒸汽由燃油锅炉的蒸汽管输出。

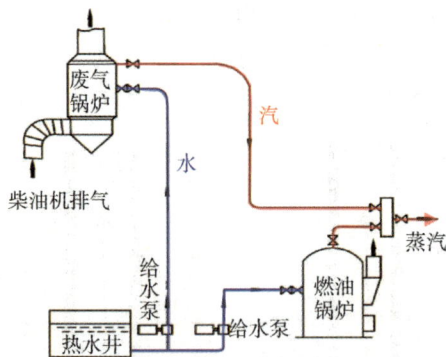

图6-6　燃油锅炉与废气锅炉两者独立

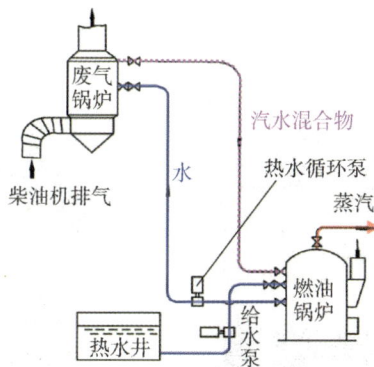

图 6-7 废气锅炉为燃油锅炉的一个附加受热面

组合式锅炉

组合式锅炉将燃油锅炉和废气锅炉合为一体,只能安装在机舱顶部,如图 6-8 所示。

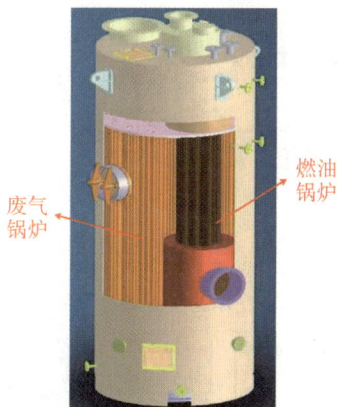

图 6-8 组合式锅炉

锅炉正常工作需要哪些设备?

燃油锅炉主要由燃烧器和锅炉本体组成,如图 6-9 所示。燃烧器的主要作用是提供燃烧所需要的燃油和空气。它主要包括喷油器、配风器及点火器等部件,如图6-10所示。

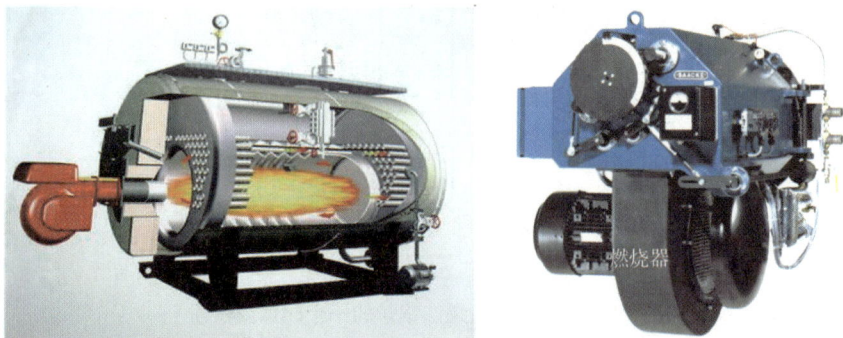

图6-9 燃油锅炉的主要组成部分

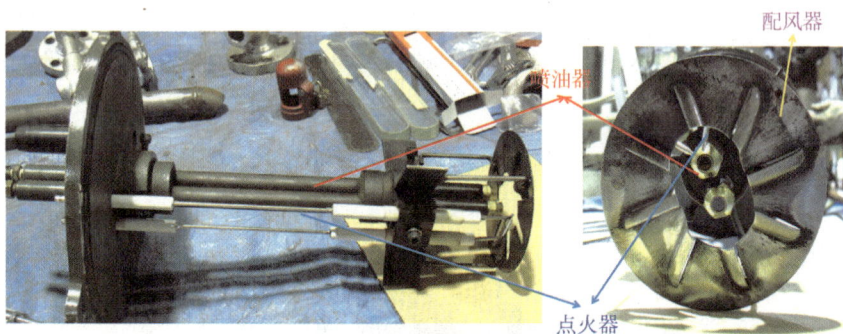

图6-10 燃烧器的主要组成部分

燃油由喷油器(俗称喷枪)喷进炉内。喷油器有两个作用:一是控制喷入炉内燃油的量;二是将燃油雾化,保证其在炉膛内的燃烧质量。常见喷油器的种类有:压力式喷油器、蒸汽式喷油器和转杯式喷油器等。影响压力式喷油器雾化(如图6-11所示)质量的主要因素有油压、喷孔直径、油的黏度。当油压适当高、喷孔直径适当小、油的黏度适当小时,雾化质量好。

配风器示意图如图6-12所示。配风器的作用是分配一次风和二次风的风量,创

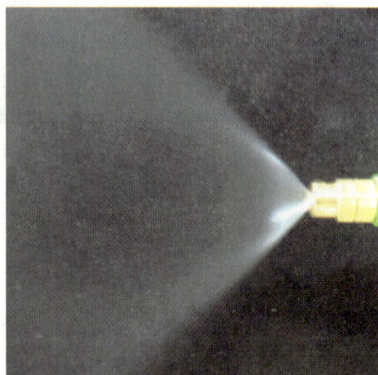

图6-11 压力式喷油器雾化

造条件使助燃空气与油雾充分混合,促使油雾迅速汽化和受热分解,以利于燃油稳定和充分地燃烧。空气经配风器进入炉膛,被挡风板分成两部分。一

部分风紧贴着喷油器吹出,称为一次风,其作用是保证油雾一离开喷油器就有一定量的空气与之混合,以减少产生炭黑的可能,并使喷油器得到冷却;另一部分风从外围沿炉墙喷火口进入炉膛,称为二次风,其主要作用是供给燃烧所需的大部分空气。空气和油的比例值一般为1.02~1.2。若空气太多,则风机耗能越多,锅炉的排烟损失也越大;若空气太少,则燃油燃烧得不充分,会冒黑烟。

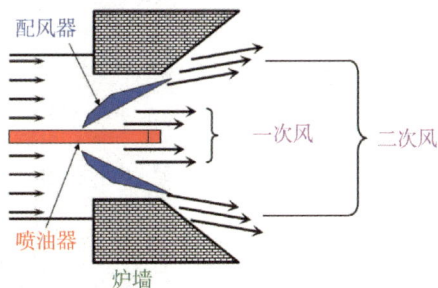

配风器　一次风　二次风　喷油器　炉墙

图6-12　配风器示意图

电点火器是一个电火花发生器,它由两根耐热铬镁金属丝电极组成,两极金属丝端部保持3.5~4毫米的距离。点火喷油器喷油时,在电极两端加上5 000~10 000伏的高压电,两电极的间隙处便产生火花,能点燃喷油器喷出的雾化油。现在的商船燃油锅炉一般烧重油,直接点火有点困难,一般采用有一路轻油被点火器点燃后,再用轻油点燃重油的方法。

燃烧器除了设有喷油器、配风器、电点火器之外,还设有火焰探测器。火焰探测器是一个光电元件,如图6-13所示。燃烧器一般装有两只火焰探测器,只有两只同时检测到火焰才能继续燃烧,否则会立即停止喷油,以免发生爆炸。

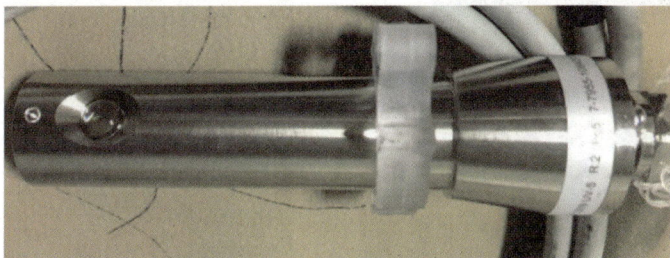

图6-13　火焰探测器

锅炉本体部分一般包括炉膛、蒸发受热面、水腔和蒸汽空间等。锅炉本体上还应有一系列附件,如水位计、安全阀、主停汽阀、炉水取样阀、上排污阀、下排污阀等,如图6-14所示。

锅炉工作时随时了解其中的水位是极其重要的。每台锅炉都规定有最高工作水位、最低工作水位和最低危险水位。锅炉正常工作时,锅炉水位应处于最高工作水位与最低工作水位之间。若水位调节失灵或给水系统发生故障,则当水位降至最低危险水位时,自动控制系统发出报警信号,并使锅炉自动熄火,以防止锅炉干烧。每台锅炉通常装有两支水位计,小型水管锅炉可仅装一支。在船舶摇摆和倾斜时,可通过比较两支水位计中的水位来判断锅炉内的水位。若一支水位计损坏,应加强水位监视,并尽快伺机换新;若两支水位计均损坏,应立即熄火,进行检修。

图6-14　锅炉本体

当外界对蒸汽需求量突然减少或锅炉内燃烧过于强烈时,锅炉蒸汽压力会上升,若调节不及时,蒸汽压力会大大超过额定工作压力。为防止压力过高,从而造成损伤甚至发生爆炸,锅炉一定要装设安全阀,如图6-15所示,它是锅炉重要的安全附件。其动作的可靠性和性能的好坏直接关系到设备和人身的安全,因此对其有专门的要求。

图6-15　锅炉安全阀

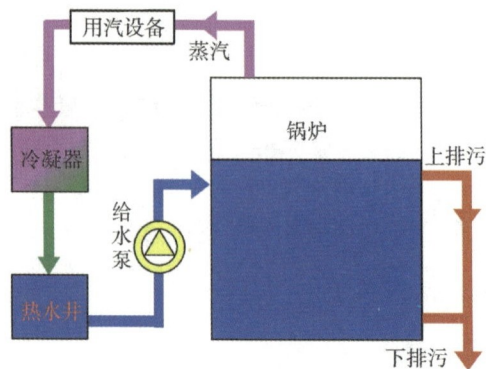

图6-16　锅炉汽、水系统简图

必须定期对给水和炉水进行化验与处理。水质控制得好可显著减少水垢的产生,防止发生腐蚀,有利于锅炉安全、高效地运行和延长使用年限。低压锅炉水质控制的主要项目包括硬度、碱度和含盐量。水的硬度即水中 Ca^{2+}、Mg^{2+} 的浓度,难溶的钙镁化合物极易在受热面上浓缩并析出,形成水垢;水的碱度是指水中碱性的 OH^-、CO_3^{2-}、HCO_3^-、PO_4^{3-} 的浓度。炉水控制在适当的碱度范围内(pH值为10~12),有利于抑制电化学腐蚀。含盐量太大会引起汽水共腾,使蒸汽的品质变差,使管路设备加剧腐蚀。海船炉水的含盐量以氯盐居多,故常通过化验 Cl^- 的浓度来反映含盐量的多少。因此,限制补给水的含盐量也是非常重要的。

图7-1　饮水矿化装置

怎样让海水变成淡水？

　　海水是一种含有80多种盐类的水溶液,海水淡化就是大幅度降低海水的含盐量,目前所采用的方法主要有蒸馏法、反渗透法、电渗析法等。在船上,绝大多数海水淡化装置都采用蒸馏法。

蒸馏法

　　蒸馏法出现得比较早,其技术经过不断的改进和发展,日趋完善,因此蒸馏法在造水行业中使用得较多。蒸馏淡化过程的实质就是水蒸气的形成过程,其原理如同降水的形成过程,即海水受热蒸发并形成云,云在一定条件下遇冷形成降水。降水的形成过程如图7-2

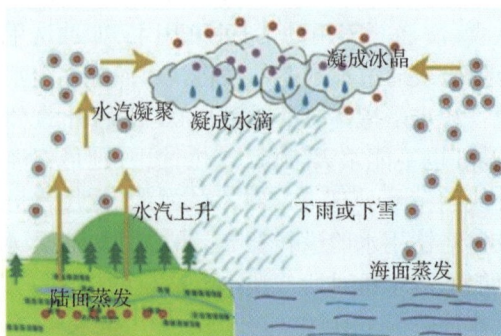

图7-2　降水的形成过程示意图

船上最常用的造水设备——真空沸腾式造水机

蒸馏法是根据盐分几乎不溶于低压蒸汽的原理,先加热海水使之汽化,然后将蒸汽冷凝,从而得到几乎不含盐分的蒸馏水。现在的船一般使用真空沸腾式造水机,如图7-5所示。一般都是让海水的蒸发和蒸汽的冷凝在高真空条件下进行工作,首先是因为真空度高、水的沸点低,可以利用船舶柴油机缸套冷却水的预热来加热海水以产生蒸汽。例如,当真空度为90%时,海水的蒸发温度为45 ℃,可以用温度为80 ℃左右的柴油机缸套冷却水作为造水机的加热工质,从而提高船舶动力装置的经济性。另外,因为加热温度和蒸发温度低,所以蒸发器的换热面结垢慢,不易形成难以清除的硬垢。

图7-5　真空沸腾式造水机

工作原理

如图7-6所示,海水泵供水分两路:一路海水进入真空泵,对加热器(蒸发器)和冷凝器进行抽真空;另一路海水进入加热器(蒸发器)竖管(竖管外壁充满温度较高的主机冷却水),海水在此加热,当达到沸点后即开始汽化,在真空泵的作用下,造水机内部空间的压强减小,海水在温度较低时就会汽化。流出竖管后蒸汽从水中溢出,经过汽水分离板,蒸汽中的海水被挡下并进入冷凝器,被管中的海水冷却成淡水,由蒸馏水泵抽出并送往淡水柜。海水蒸发后余下的部分被称为盐水,由排盐泵抽出,随同空气一起排到舷外。

组成部件

真空沸腾式海水淡化装置的主要组成部件包括蒸发器、冷凝器、真空泵和排盐泵、凝水泵(蒸馏水泵)、盐度计等,如图7-7和图7-8所示。

蒸发器(有的也叫加热器)：海水在此处被加热介质(一般是主机缸套冷却水)加热成蒸汽。

冷凝器：蒸汽在此处被海水冷却成淡水。

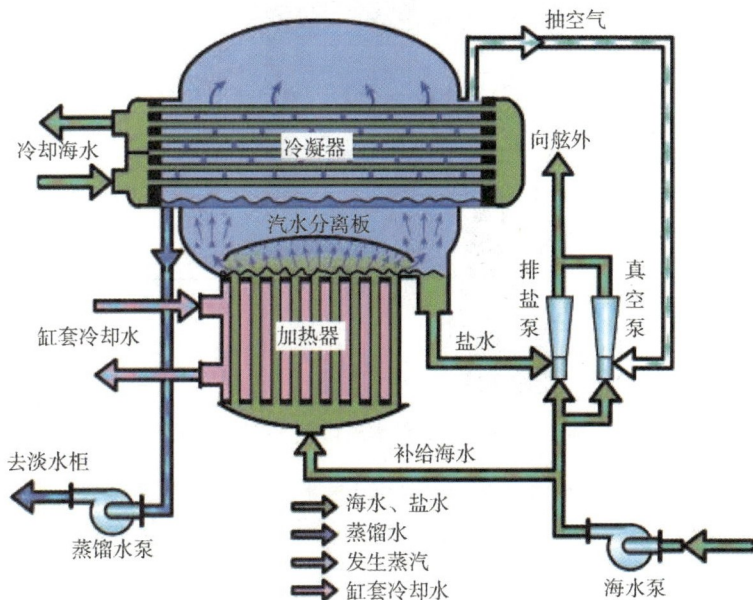

图7-6　真空沸腾式海水淡化装置原理图

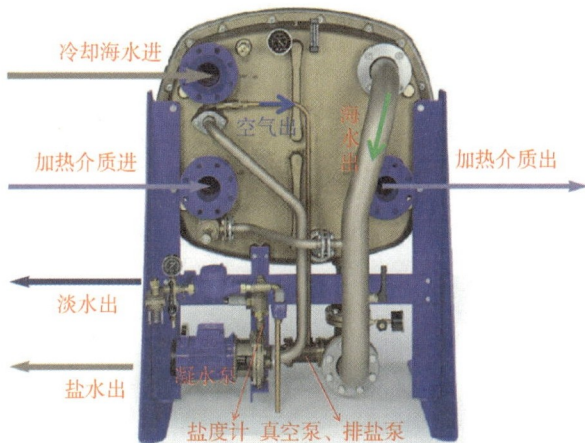

图7-7　真空沸腾式海水淡化装置结构图

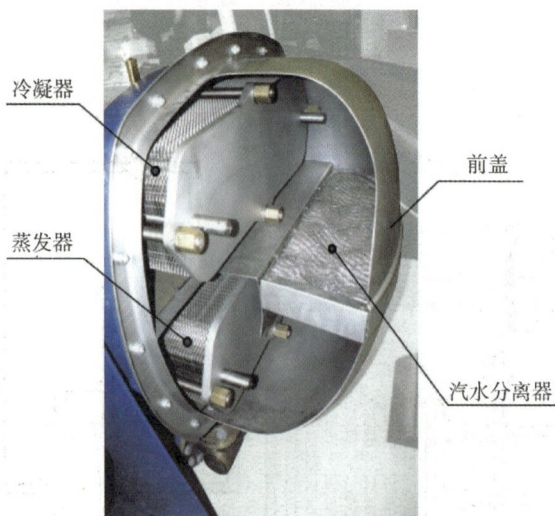

图7-8　真空沸腾式海水淡化装置局部结构图

（图中标注：冷凝器、蒸发器、前盖、汽水分离器）

真空泵和排盐泵：一般采用一台喷射泵来承担两项任务。一是将蒸发器和冷凝器壳体内的空气抽走，使其真空度达到90%以上，从而使海水蒸发温度低于45 ℃。二是将海水蒸发后剩余的盐水排出舷外。

凝水泵：也叫蒸馏水泵，一般采用离心泵，将造出的淡水送入淡水舱。

盐度计：检测所造淡水的盐度，若低于设定值（一般以锅炉给水10ppm为标准），则送入淡水舱；若高于设定值，则会发出报警，将所造淡水重新送回造水机或排放到舱底。

第八章

船舶制冷与空调系统

所谓制冷，就是用人工或机械做功等方式，使某一空间或物体的温度降到低于周围的环境温度，并保持在规定的低温状态。显然，要使一个冷藏室中的温度低于周围的环境温度，必须不断地从室内排出热量。因为热量只会自行从高温处传至低温处，不能反向转移，所以制冷装置的功用就在于将冷藏室中的热量强行排出。

如何储存船上的伙食？

伙食冷藏

各类运输船舶尤其是远洋船舶，为了满足长距离运输过程中船员的生活需要，必须储藏相当数量的食品，而不同食品在储藏上有不同的要求。例如，蔬菜、水果、鸡蛋等需要低温保鲜，肉、鱼等需要冷冻，以防变质。某船蔬菜库如图8-1所示。为了储存食品，大

图8-1 某船蔬菜库

多数船设有伙食冷库和相应的制冷装置,习惯称为伙食冰机。

伙食冷库的冷藏条件是:

温度

低温是食品冷藏最重要的条件。低温可以抑制微生物的活动,同时也可以抑制水果、蔬菜的呼吸,延缓其成熟。

湿度

相对湿度过低会使未包装的食品因水分散失而干缩;相对湿度过高又会促使霉菌繁殖。高温库适宜的相对湿度为85%~90%,低温库适宜的相对湿度可保持在90%~95%。伙食冷库一般在降温过程中能保持适宜的湿度,不需要专门调节。

二氧化碳和氧气的浓度

适当减小氧气的浓度和增大二氧化碳的浓度,能抑制水果、蔬菜的呼吸和微生物的活动,并减少水分的散失,其储藏时间是在普通冷藏库中储藏时间的1.5~2倍。但如果二氧化碳浓度过高,蔬菜、水果的呼吸就会过弱,从而加速腐烂变质。船舶伙食冷库通过适当通风换气来保持合适的气体浓度。

臭氧的浓度

臭氧的分子式为O_3,它在一般条件下极易分解,即$O_3 \rightarrow O_2 + [O]$,产生的单原子氧的氧化能力很强,能使细菌、霉菌等微生物的蛋白质外壳因氧化变质而死亡。臭氧除有杀菌作用外,还可抑制水果的呼吸,防止其过快成熟,这是因为水果在呼吸时会放出少量的乙烯,对水果有催熟作用,而臭氧能使乙烯因氧化而消除。此外,臭氧还有除臭的作用。但臭氧也会使奶制品和油脂类食物的脂肪氧化,并产生脂肪酸,从而导致食物变质,故目前在船上臭氧多用于蔬菜库。

船舶空调

现代船舶为了能向船员和旅客提供适宜的生活条件和工作环境,一般都装有空气调节装置。集中式空调如图8-2所示,可以满足降温和取暖工况的需要。

冷藏运输

为了防止易腐蚀食品或一些特

图8-2　集中式空调

殊货物在运输过程中腐烂、变质或蒸发、自燃或爆炸，早在19世纪80年代就开始建造专门运送冷藏货物的冷藏船并将其投入使用。现在，使用冷藏集装箱（如图8-3所示）运输已日趋普遍，冷藏船和冷藏集装箱都设有专门的制冷装置。

部分液化石油气（LPG）运输船、液化天然气（LNG）运输船、渔船、军舰等为了满足生产、生活和特殊设备的需要都设有专用的制冷设备。

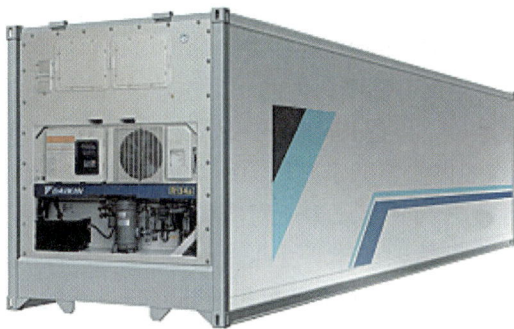

图8-3　冷藏集装箱

如何实现热量从低温到高温的传递？

机械制冷的方法主要有蒸发制冷、气体膨胀制冷和半导体制冷，其中蒸发制冷最为普遍。蒸发制冷是利用液体汽化时吸收汽化潜热的原理来制冷，常用的制冷方式有蒸气压缩式（简称压缩式）、吸收式和蒸气喷射式三种，目前船上绝大多数采用的是蒸气压缩式制冷。

液态与气态互相转换的规律

当物质呈液态时，总有一些动能大的分子能脱离液面并蒸发成气体，液体温度越高，单位时间内被汽化的液体的质量就越大，液体汽化时如果不能从外界吸热，则汽化后剩余液体的温度就会降低。气体分子在运动中会有一部分返回到液体中，气体的压力越大，单位时间被液化气体的质量就越大，气体液化时如不能向外散热，液体的温度就会升高。当液体温度已定、液面气体压力达到某既定值时,汽化和液化就会达到动态平衡,液面上气体达到饱和状态,这时的气体压力称为该温度所对应的饱和(蒸气)压力,而这时的温度就称为该压力所对应的饱和温度。

任何液态物质都存在自身固有的饱和温度和饱和压力的对应关系。温度越高,饱和压力越大。

压缩制冷所用的工质——制冷剂(简称冷剂)在常温下通常是饱和压力较大的液体。当液态冷剂单独储存在冷剂瓶中时,瓶内压力便是它在该温度所对应的饱和压力,温度升高则瓶内的压力也随之升高。例如,冷剂R404a在30 ℃时的饱和压力(绝对)是1.415兆帕,如温度升高到50 ℃,饱和压力便升高到2.30兆帕。当液体温度低于其压力所对应的饱和温度时,汽化只发生在液面上;当液体温度升高到其压力所对应的饱和温度时,内部便会产生许多气泡,因其饱和压力已达到液体所受压力而不至于被"压灭",便会随液体吸热汽化而变大浮起。这种在液体表面和内部同时进行的较剧烈的汽化现象称为沸腾。液体沸腾时被加热,温度(沸点)也不变,所吸收的热量用于使液体汽化;气体被冷却到其压力所对应的饱和温度时便开始冷凝成液体并放出潜热。在冷凝过程中,气体和液体的温度(冷凝温度)保持不变。在相同的压力下,冷凝温度和沸点也相同。单位质量的某物质在既定压力下全部汽化所吸收的热量与液化所放出的热量相等,此热量称为汽化潜热。在沸腾或冷凝过程中,气体称为饱和蒸气,液体称为饱和液体,两者的混合物称为湿蒸气。饱和蒸气在湿蒸气中所占的质量比例称为干度。液体全部汽化后,干度为1的饱和蒸气称为干饱和蒸气。干饱和蒸气继续吸热,其温度不断升高,成为过热蒸气。过热蒸气的温度与其压力所对应的饱和温度之差称为过热度。另外,湿蒸气在液化过程中其干度不断减小,直至降为0,将此时的饱和液体继续冷却,其温度不断下降,成为过冷液体,过冷液体的温度称为过冷温度。液体所处压力所对应的饱和温度与液体实际温度(过冷温度)之差称为过冷度。

蒸气压缩式制冷的工作原理

蒸气压缩式制冷(其原理如图8-4所示)选择沸点很低的工作介质作冷剂,经膨胀阀(或将毛细管作为节流元件)节流降压进入蒸发器,在较低的蒸发压力下,液态冷剂逐渐汽化蒸发,并从被冷却空间吸收汽化潜热,从而实现制冷。为了使冷剂在蒸发器中维持低压,并保持冷凝器出口或膨胀阀前的液态冷剂处于高压,就需用压缩机将冷剂从蒸发器中吸出并加压送到冷凝器中。压缩机出口的冷剂为高温、高压蒸气,于是就可利用环境介质(舷外海水或空气)使高温、高压的冷剂气体冷凝为液体,然后被膨胀阀节流后送入蒸发器汽化吸热,从而实现连续的制冷循环。

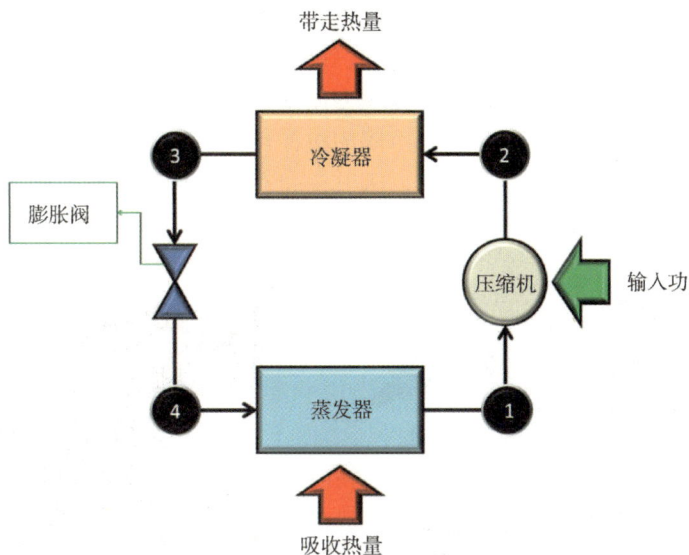

图8-4 蒸气压缩式制冷的原理

如图8-4所示,过程1–2表示冷剂蒸气在压缩机中被压缩,使压力由低温、低压的过热蒸气变为高温、高压的过热蒸气;过程2–3表示气态冷剂在冷凝器中被冷却、冷凝和过冷的过程,冷剂由过热蒸气变为过冷液体。过程3–4表示冷剂通过膨胀阀的节流过程,高温、高压的液态冷剂变为低温、低压的湿蒸气(气态和液态的混合物)。过程4–1表示冷剂在蒸发器中吸收热量并汽化和过热的过程,即制冷过程。

船舶"大冰箱"有哪些主要部件?

组成压缩制冷循环的基本元件有:制冷压缩机、冷凝器、热力膨胀阀、蒸发器。

制冷压缩机

制冷压缩机是实现压缩式制冷循环的"心脏",也就是主机,因为循环中冷剂蒸气压力的提高和制冷系统中冷剂克服阻力不断循环流动，都是利用消耗外功的制冷压缩机来实现的。船舶上普遍采用的制冷压缩机是容积型制冷压缩机，即气体压力的增大是靠吸入气体的容积被强行缩小，使单位容积内气体分子数的增加来实现的。容积型制冷压缩机分为活塞式制冷压缩机和螺杆式制冷压缩机。活塞式制冷压缩机使用得最广泛，制造、管理和维修的经验都比较成熟，如图8-5所示。因其流量受转速限制，只用于中、小制冷量范围，是船舶制冷装置采用的主要机型。

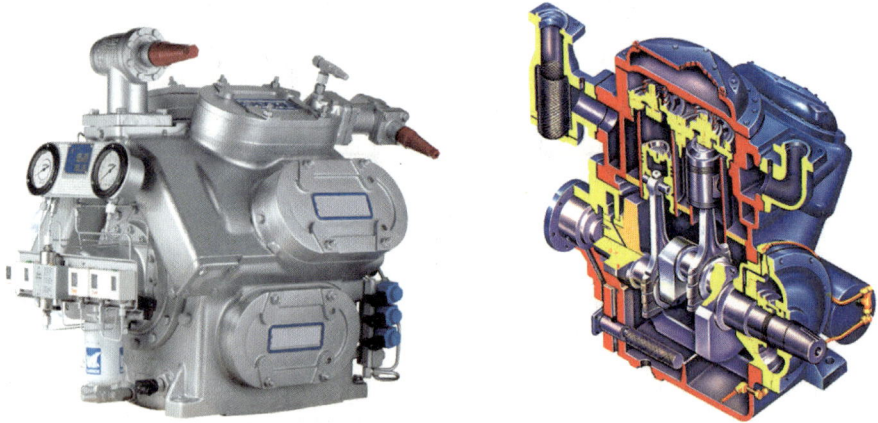

图8-5　活塞式制冷压缩机

螺杆式制冷压缩机的转速高、输气量较大，在船上主要用于冷藏舱制冷装置和大型船舶的空调装置，如图8-6所示。

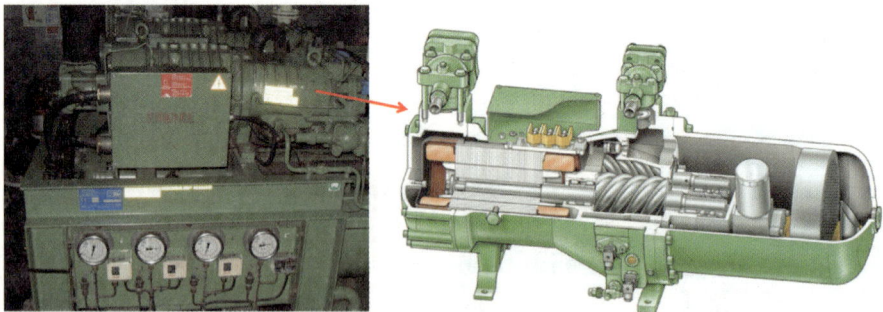

图8-6　螺杆式制冷压缩机

冷凝器

冷凝器的功用是将压缩机排出的气态冷剂冷凝成液态，供系统循环使用。船舶制冷装置几乎都采用卧式壳管式冷凝器，如图8-7所示。冷凝器壳体由钢板卷制而成,两端焊有管板,中间镶嵌冷却管束。冷剂蒸气进入壳管的外面,冷却水从壳管内流过,经数次往返后流出并将冷却管束外冷剂的热量带走,起到冷却、冷凝的作用;被冷却、冷凝的冷剂液体储存在冷凝器底部,以备进入膨胀阀和蒸发器制冷。

图8-7　卧式壳管式冷凝器

热力膨胀阀

　　蒸气压缩式制冷装置在工作中,必须有一节流元件(即热力膨胀阀)用于将来自冷凝器的冷剂液体节流降压,以便在蒸发器中蒸发吸热。热力膨胀阀如图8-8所示。热力膨胀阀也是制冷装置中高压和低压的分界点。在实际工作中,制冷装置的热负荷经常变化,因此冷剂流量需要能根据热负荷的大小自动调节开度。热力膨胀阀除了能起到节流降压的作用外,还能自动调节冷剂流量,使冷剂在蒸发器出口的过热度保持在适当的范围内。这样,既能避免蒸发器因冷剂供应不足而使换热面积得不到充分的利用,导致制冷量降

图8-8　热力膨胀阀

低;又能防止冷剂供给太多而不能全部汽化,以致压缩机吸入湿蒸气,甚至导致"液击"。也就是说,热力膨胀阀可以保证压缩机实现干压并使蒸发器充分发挥作用。其主要工作原理是:热力膨胀阀中有一由蒸发器出口冷剂的过热度决定温包内压力的热敏元件,利用温包内压力作为膨胀阀的开阀力之一,可在热负荷大时使蒸发器出口冷剂的过热度提高,膨胀阀开大;反之,膨胀阀

关小。

蒸发器

蒸发器的作用是让冷剂逐渐汽化蒸发，并从被冷却空间吸收热量，从而实现制冷。制冷所采用的方式不同（可以是直接冷却式或是间接冷却式），蒸发器的冷却介质及其形式也不同。

船舶氟利昂制冷装置大多采用直接冷却式，即将蒸发器直接放在冷库（或空调器）中冷却空气。蒸发器分为冷却排管式（如家用冰箱）和冷风机式（如图8-9和图8-10所示）。

冷剂是制冷装置用来完成制冷循环的工质。近几十年来，船上普遍使用的冷剂是氟利昂（Freon），它是卤代烃的商品名。冷剂氟利昂的制作是将甲烷（CH_4）或乙烷（C_2H_6）中的氢原子用卤素氟（F）、氯（Cl）原子全部或部分取代。由甲烷制成的用R××表示，如R12、R22等；由乙烷制成的用R1××表示，如R123、R124等；若有分子式相同的异构体，在后面加a、b、c等，如R134a、R404a等。

图8-9　冷风机式蒸发器一

图8-10　冷风机式蒸发器二

氟利昂系列冷剂分为三类：一是CFCS，表示不含氢的氯氟烃；二是HCF-

CS,表示含氢的氯氟烃;三是HFCS,表示无氯的含氢氟化烃。在距地球表面15~60千米的大气层中,臭氧含量相对较多,此臭氧层能将太阳辐射至地面的绝大部分的紫外线吸收。科学研究发现,有些含氯的氟利昂在地表外的大气中很难被分解,升至高空臭氧层后,在强烈的紫外线作用下释放出氯离子,会起催化作用并损耗大量臭氧,形成臭氧空洞,使到达地面的紫外线显著增强,对人类健康和农作物、海洋浮游生物的生长不利,并会引起气候异常。这种分解臭氧的能力通常用"臭氧耗损潜值"(Ozone Depletion Potential,ODP)来衡量。CFCS的ODP较高,按国际协议已禁用;HCFCS的ODP较低,按国际协议属第二批受控物质,2020年(发展中国家2030年)起被禁用,欧盟已提前至2015年禁用;HFCS的ODP值为0,未限制使用。

保障船员舒适的设备——船舶空调

大多数船在营运过程中会航行于各个海域,气象条件复杂多变。为了能给船上人员提供舒适的工作和生活环境,现代船舶通常都设有空气调节系统(简称空调)。

船舶空调大多是为了满足人们对工作和生活环境舒适与卫生的要求,属于舒适性空调。它与某些生产场所为满足工艺或精密仪器的要求所用的恒温、恒湿空调不同,对温度、湿度等空气条件的要求并不十分严格,允许空气参数在稍大的范围内变动。

温度

对人的舒适感影响最大的是人体的热平衡。人体的新陈代谢必然会产生一定的热量,而这些热量又必须通过一定的方式散发出去,从而使人体的体温恒定,使人感到舒适。人体散热的主要方式是通过皮肤传热或通过汗液蒸发,因此,气温也就成为影响人体热平衡的最重要条件。一般人在穿一般衣物时感到舒适的温度是:冬季18~22 ℃,夏季27~29 ℃。从节能考虑,空调设计参数可接近舒适范围的上限。此外,在夏季,当人进出舱室时一般不加减衣物,为防止感冒,舱内外温差保持在6~10 ℃较为合适。

湿度

空气的相对湿度对汗液的蒸发具有影响,因此也会影响到人的冷热感觉。对于人体而言,湿度在50%左右为宜。如果湿度太低,则人会因呼吸时失水过多而感到口干舌燥;如果湿度太高,则汗液难以蒸发,人容易感到闷热。

清新程度

空气清新是指空气清洁(含粉尘和有害气体少)和新鲜(有足够的含氧量)。如果只为满足人呼吸氧气的需要,新鲜空气的最低供给量为每人每小时2.4立方米即可;如果要使空气中二氧化碳、烟气等有害气体的浓度符合卫生要求,则新鲜空气的供给量应更多。

气流速度

室内气流速度以0.15~0.20米/秒为宜,最大不超过0.35米/秒。此时室内的空气会有轻微的流动,温度、湿度能保持均匀,人不会感到气闷。此外,距室内空调出风口1米处测试所得的噪声应在55~60分贝(A)。

船舶空调装置一般都是将空气集中处理后再分送到各个舱室,称为集中式空调或中央空调,如图8-11(a)所示;有的船舶空调装置还能将集中处理后送往各舱室的空气进行分区处理或在舱室内单独处理,称为半集中式空调,如图8-11(b)所示;某些特殊舱室,如机舱集控室,因热负荷与一般舱室相差太大,需单独设专用的空调器,这种空调称为独立式空调,如图8-11(c)所示。

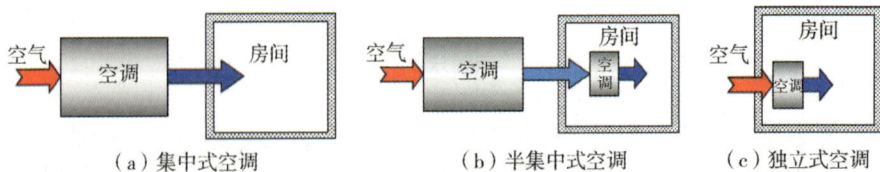

（a）集中式空调　　　　　（b）半集中式空调　　　　　（c）独立式空调

图8-11　船舶空调装置

现在商船上除了集控室等特殊场所采用独立式空调外,生活居住区一般都采用集中式空调,如图8-12所示。

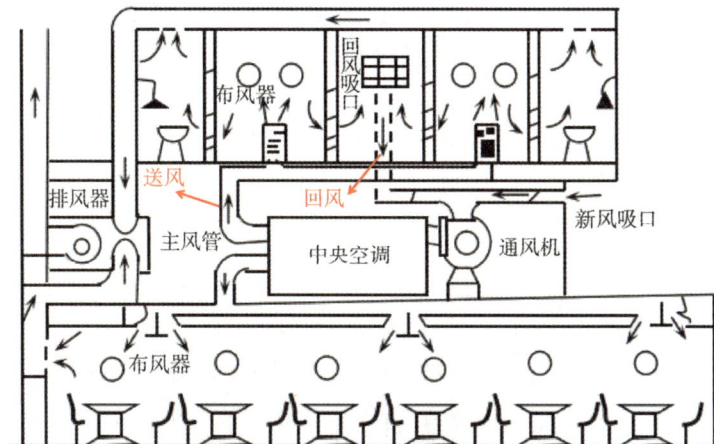

图8-12　船舶集中式空调示意图

通风机由新风吸口吸入外界空气(称为新风),同时也从通走廊的回风吸口吸入一部分空气(称为回风),两者混合后在集中式空调中经过过滤,然后加热、加湿,或冷却、除湿,以达到系统所要求的温度和湿度,之后送入若干并列的主风管,再经各支风管分送到各舱室的布风器,从而完成为舱室的送风。舱室中的空气则通过房门下部的格栅流入卫生间(若有的话)及走廊,走廊中的空气又有一部分作为回风被空调器吸入,其余排往舱外。

可能有不卫生气体或有异味气体产生的舱室(如厕所、浴室、医务室、病房、公共活动舱室、餐厅、厨房等)应设机械排风系统,由排风机将空气排至舱外,以保持舱内负压,避免这些舱室的气味散发到走廊和其他舱室。较大客船的走廊也应机械排风。舱容小且自然排风条件好的处所,可以采用自然通风。

独用厕所和浴室的最小换气次数为每日10次;公用厕所、浴室和洗衣间等的最小换气次数为每日15次。医务室、病房若设独立排风系统,其设计排风量应比空调送风量大20%;餐厅的设计排风量应等于空调送风量。

船舶空调系统和设备

在货船上,集中式空调通常安置于上层甲板的专门舱室;在客船上,因为空调的数目较多,所以分布在全船各处。空调系统的主要部件包括:风机、加热器、加湿器、空气冷却器、送风管、布风器、调节风门等,如图8-13所示。

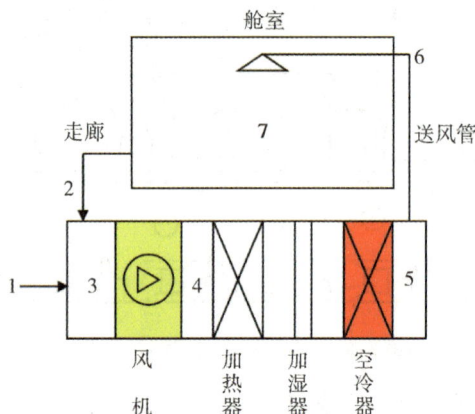

图8-13　空调系统示意图

空气的吸入、过滤和消音

如图8-13所示,外界新风1和空调舱室的回风2,在空调器中混合后变为3,由风机吸入。在新风和回风吸口上都装有铁丝网或百叶窗,以防吸入较大的异物。空调的滤器用于滤除空气中的灰尘,以净化舱室的供风,并能保持空气冷却器和加热器表面的清洁,避免降低传热效率。

为了减小风管传至舱室的风机噪声,在风机出口处还设有消音室,利用消音室通道的突然缩小和扩大,可使气流的低频噪声得以消减。至于风机所产生的高频噪声,则可借贴附于空调器内壁的多孔性吸音材料(如泡沫塑料或玻璃棉毡等)来吸收。新风量和回风量的比例可以用手动调风门调节,如图8-14所示。风门位置一般在空调调试时即已调定,并做有记号,因此只有在外界气候特别恶劣或春秋季改为通风工况时才临时予以变动。例如,当外界空气污浊(风沙天或装卸粉尘货物时)、外界特别热或特别冷以致超出空调的设计能力时,只能采用回风。

（a）

（b）

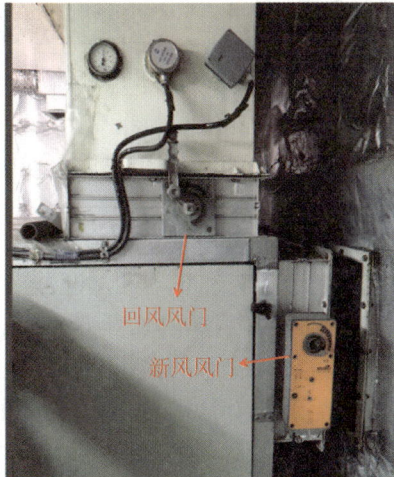

回风风门

新风风门

（c）

图8-14　空调风门调节示意图

空气的冷却和除湿

一般当外界温度高于25 ℃时，就应使空调按降温工况运行。自然界的空气中多少都含有一些水蒸气，工程上称为"湿空气"，温度越高，空气中可以含有水蒸气的最大限度值越大。如果空气中所含水蒸气已经达到最大限度，则此时的空气称为"饱和空气"。若空气中有继续吸水的能力，则此时的空气称为"未饱和空气"。空气的冷却和除湿在空调装置中由空气冷却器和挡水器完成。空气冷却器由蛇形肋片管构成，按照冷却方式的不同分为直接蒸发式和间接冷却式两种。直接蒸发式空气冷却器（如图8-15所示）是冷剂直接在空气冷却器内蒸发以冷却空气。这种系统在空调负荷不太大、空调面积较为集中的客船和货船上用得较多。间接冷却式空气冷却器是冷剂在淡水冷却器内蒸发并吸取冷媒水的热量，再由冷媒水在空气冷却器内冷却空气。这种系统在空调负荷较大、空调面积大且分散的大型客船上用得较多。

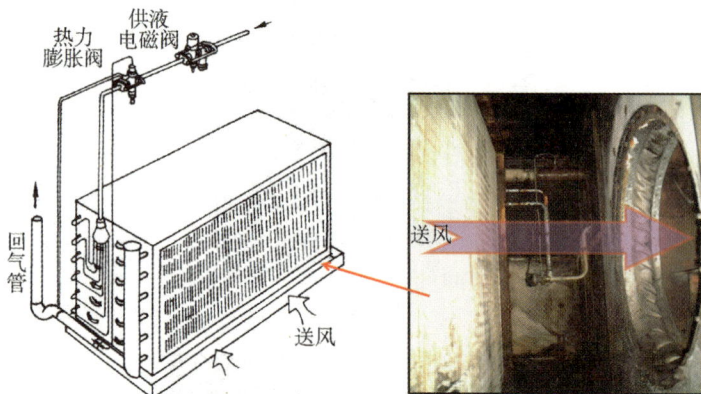

图8-15　直接蒸发式空气冷却器

空气的加热和加湿

一般当外界温度低于15 ℃时，就应使空调装置按取暖工况运行。在空调装置中，空气的加热和加湿是由空气加热器和加湿器来完成的。船用空调装置大多使用蒸汽来加热和加湿。最简单的加湿方法就是使用一根镀锌管，在该管的迎风方向开一排直径为1~2毫米的蒸汽喷孔。经过空调装置处理好的空气，最后经过各送风管分配到各个舱室，舱室里装有布风器，可对风量进行调节，让供风和室内空气混合良好，以使室内温度分布均匀。空调送风管和布风器如图8-16所示。

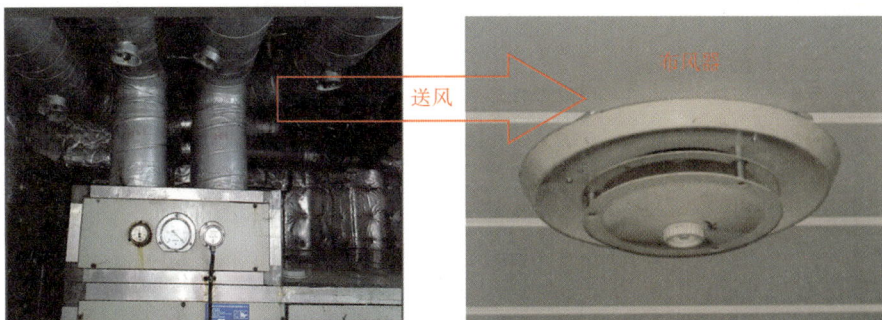

图8-16　空调送风管和布风器

当空调开启制冷模式时，气体冷剂被压缩机加压成为高温、高压的气体并进入室外机的换热器(此时为冷凝器)，经过冷凝、液化、放热，成为液体，同时向大气释放热量。液体冷剂经节流装置减压并进入室内机的换热器(此时为蒸发器)，经过蒸发、汽化、吸热，成为气体，同时吸取室内空气的热量，从而达到降低室内温度的目的。成为气体的冷剂再次进入压缩机，开始下一个循环。

当空调开启制热模式时，气体冷剂被压缩机加压成高温、高压的气体并进入室内机的换热器(此时为冷凝器)，经过冷凝、液化、放热，成为液体，同时向室内释放热量，就能达到升高室内温度的目的。液体冷剂经节流装置减压并进入室外机的换热器(此时为蒸发器)，经过蒸发、汽化、吸热，成为气体，同时吸取室外空气的热量(室外空气变得更冷)。成为气体的冷剂再次进入压缩机，开始下一个循环。

第九章

船舶防污染设备

地球上的陆地和海洋总面积约为 5.1 亿平方千米，其中海洋面积约为 3.61 亿平方千米，约占全球总面积的 71%。海洋是生命的摇篮、天然的宝库，同时海运也是最廉价的运输方式。船舶在海上营运的过程中，不可避免地会直接或间接地把一些物质或能量引入海洋环境，以至于损害生物资源、危及人类健康、妨碍包括渔业活动在内的各种海洋活动、破坏海水的品质和降低海水的使用舒适程度，即造成海洋污染。海洋污染包括陆源污染、船舶污染、海洋倾废污染和人类海底活动引起的污染。

船舶防污染公约的发展

船舶对海洋环境的污染可分为油类污染和非油类污染。油类污染主要包括机舱含油污水（又称舱底水）和油渣；非油类污染主要指船舶生活污水和固体垃圾等。此外，船舶对大气和压载水的污染也日益受到国际社会的重视。要控制和防止船舶对环境的污染，一是靠法规，二是靠技术。前者是指制定有关公约、法规和标准并强迫实施；后者则是指通过采取各种技术措施予以保证。

1967 年 3 月，利比亚籍超级油船"托利·卡尼翁"（Torrey Canyon）号在英国康沃尔郡锡利群岛附近海域触礁搁浅,引发了世界上第一起海上大规模溢油事故,如图9-1所示。该船装有11.9万吨产自科威特的原油,事故发生时该船断为两截后沉入海底,泄漏的原油漂入英国南部海岸和法国北部海岸。这起事故造成附近海域和海岸被大面积污染,仅为处理石油污染,就动用了大量人力、物力,共出动了42艘船和1 400多人次,使用了十几万吨的油性分散剂,英、法两国仅为清除污染就支付了1 000万英镑的巨额费用。这起事故直接促成了《1973年国际防止船舶造成污染公约》(International Convention for the Prevention of Pollution from Ships, 1973, 简称 MARPOL 73)的通过。目前,国际上对船舶防污染最有影响的是MARPOL 73/78公约,该公约由国际海事组织制定,共有六个附则。

图9-1 "托利卡尼翁"号溢油事故

1978年3月16日,美国油船"阿莫科·卡迪斯"(AMOCO CADIZ)号海上溢油事故是史无前例的惨祸,如图9-2所示。"阿莫科·卡迪斯"号油船从波斯湾途经英国莱姆湾前往荷兰鹿特丹途中曾遭遇暴风天气,当航行至法国布列塔尼半岛时,油船的操纵装置忽然失灵。万般无奈之下,该船只好由一艘前来救援的拖船拖着前进。然而,拖船拖着这艘满载原油的庞然大物行驶还不到10海里,拖缆就因为承受不了如此大的拉力而忽然断裂,导致"阿莫科·卡迪斯"号油船触礁断裂。据统计,该油船共漏出原油22.4万吨,污染了近350千米长的海岸线,这次漏油事件对当地的海洋生物以及海鸟来说,其严重程度是

图9-2 "阿莫科·卡迪斯"号溢油

史无前例的,成百万的海洋动物和软体动物被冲到岸上。另外,海边的疗养胜地也因此遭殃。虽然海事本身损失1亿多美元(对受害人的损失赔偿金额据说超过了2.5亿美元),但污染损失及治理的费用达5亿多美元,而其对被污染区域的海洋生态环境造成的破坏更是难以估量。事发几个月后,漂浮在英吉利海峡的油污才被清除"干净"。原油泄漏事故发生后,其回收原油及清理工作都极其困难,当时,有关方面曾进行各种清除油污的尝试,方法之一就是派船将化学品喷向水面使原油分散。但这种大规模的清除技术带来的次生灾害比原油本身造成的破坏严重得多。即使动用了所有的技术和设备,但一切都是徒劳。最终,大部分泄漏的原油分散在水体或者沉积物中(部分蒸发到大气中),给海洋生态环境及海洋生物等造成了永久的伤害。1992年,该案经美国联邦法院判决,船东需要赔偿2亿美元。

　　1989年3月24日,美国超级油船"埃克森·瓦尔迪兹"号载有约17万吨的原油从美国阿拉斯加的威廉王子湾开往加利福尼亚的长滩港。在开出不久,该船为了躲避冰块而偏离了正常航道,与水下的礁石相撞,导致其11个油舱中的8个破裂、5万多吨的原油泄漏,使2 400千米的海岸线受到油污染(其中370千米污染严重)。这是美国历史上最严重的原油泄漏事故,如图9-3所示。"埃克森·瓦尔迪兹"号在威廉王子湾触礁后,埃克森公司的"巴吞鲁日"号(图9-3中左边的小船)试图从

图9-3　"埃克森·瓦尔迪兹"号溢油事故

"埃克森·瓦尔迪兹"号卸载原油。该起事故导致约4 000头海獭、几十万只海鸟死亡,如图9-4所示,专家认为生态系统恢复时间至少要20年。该起事故造

图9-4　溢油事故的危害

成的污染的清理费高达22亿美元,赔偿费为10亿美元,全部损失约115亿美元。这起事故后,美国政府制定了《1990年油污法》。

通过对历史上发生的各类船舶污染事故的统计分析和研究可以发现,船舶对海洋环境造成的污染具有以下特点:

- 污染源多且复杂。船舶既要运输货物,同时又要作为人们的生活场所,从船载各种货物到因工作和生活需要而产生的各种垃圾,如果处理不当,都会对海洋造成污染。
- 污染持续性强、危害性大。海洋是各种污染物的最终归宿,污染物进入海洋后,就再也没有其他场所可以转移了。
- 污染范围广。浩瀚大海时刻都在运动着,污染物在海洋中可扩散到很广阔的海域。

如何处理船舶含油污水?

油类污染一般分为两类:第一类是船舶正常营运造成的操作性油污染,主要包括船舶机舱的舱底水、油船压载水及货舱洗舱水等含油污水;第二类是船舶事故性溢油。

船舶含油污水的处理方法

油水分离的方法主要有物理分离法、化学分离法和电浮分离法。物理分离法是利用油水密度差或过滤吸附等物理现象使油水分离的方法,其特点是不改变油的化学性质,主要包括重力分离法、过滤分离法、聚结分离法、吸附分离法、反渗透分离法等。目前,船用油水分离器主要采用的是物理分离法。

油水分离器

油水分离器(Oily Water Separator,简称OWS),是一种依靠重力分离及聚合分离原理进行污水处理的装置,如图9-5所示。其原理为:通过污水泵将污水驳至第一级分离筒100,污水通过过滤器125时,油滴暂时被过滤并且吸附到滤器表面,从而达到第一级分离的目的;经过第一级分离后的污水(含油量很低）被输送到第二级分离筒200,经过聚合单元245将极小的油滴进行分离。处理后的污水经过油分检测仪装置检验,当含油量不大于15ppm时,污水在指定海域可以排至舷外;当含油量超过排放标准时,污水返回舱底,继续处理直到合格。启用油水分离器时要报告轮机长,确认得到许可后,再报告驾驶台,确保所在海域、船舶位置及船速合乎要求。

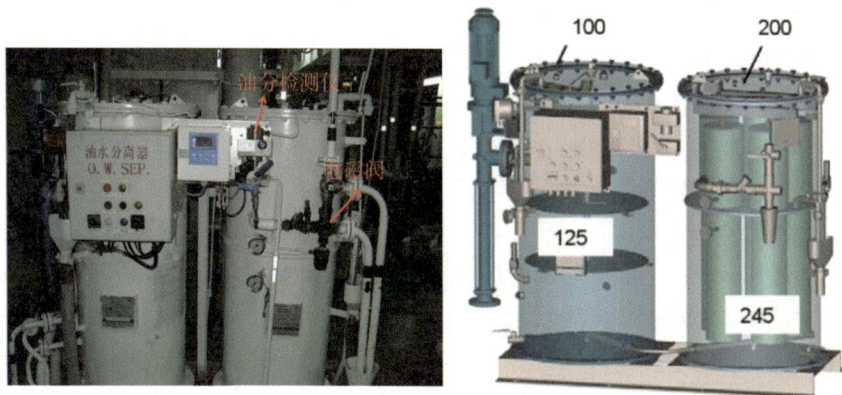

图9-5　油水分离器

考虑到油污水对水域污染的严重性,即使经过油污水处理装置处理后的排放水已达到国际排放标准,但在部分水域、港口也会受到排放的限制。这时的舱底油污水可以通过国际通岸接头排至码头接收设施,也可以在港口外排至接收船。

如何处理船舶生活污水?

船舶生活污水污染,包括所有形式的厕所、小便池排出的污水,医务室的洗手盆排出的污水,以及装有活体动物处所排出的污水等。未经处理的生活污水中含有各种有机废物、致病微生物、细菌、寄生虫和海水富营养化物质等,如果排入海洋将导致海水发生一系列复杂的生化变化,对人类和海洋生物造成危害。水环境的自然净化过程是细菌及其他微生物利用水中的溶解氧将有机物分解为无机物和二氧化碳的过程。水藻吸收二氧化碳,通过光合作用使自身生长,同时放出氧气。这种过程虽然缓慢,但仍然是一种平衡的过程,而维持该平衡的决定因素是溶解氧的含量。大量生活污水排入水环境,会使水中溶解氧的含量降低,导致平衡被破坏,造成鱼类等海洋动物的死亡或迁移。通常,每人每天在远洋船舶上会产生50~200升的生活污水。船舶生活污水的指标可分为物理性指标、化学性指标和生物学性指标。

物理性指标

物理性指标主要指悬浮固体物。

化学性指标

化学性指标主要指生化需氧量和化学需氧量。生化需氧量表示水中的可氧化物质(特别是有机物)在微生物的作用下氧化分解所消耗的溶解氧的量;化学需氧量表示有机污染物用化学氧化剂氧化所消耗的溶解氧的量。

生物学性指标

生物学性指标通常指水中的大肠杆菌群的数量。

MARPOL 73/78公约附则Ⅳ要求船舶可以在距最近陆地3海里外,使用主管机关所批准的系统,排放已经粉碎和消毒的生活污水,或在距最近陆地12海里以外,排放未经粉碎和消毒的生活污水。但是在任何情况下都不得将污水柜中的生活污水顷刻排光,而应在船舶以不小于4节的船速航行时,以主管机关认可的速度排放,排出的污水不应该产生可见的漂浮固体,也不应该使水变色。

船舶生活污水处理装置按污水的排放方式可分为无排放型生活污水处理装置和排放型生活污水处理装置。无排放型生活污水处理方法主要包括船舶贮存方法和再循环处理方法。排放型生活污水处理装置将污水经过相应的处理后,在其达到国际公约和相关规定后才能排放,其主要处理方法包括生物化学方法、物理化学方法、电化学方法和混合处理方法。

MARPOL 73/78公约要求各缔约方政府保证在其港口或码头等处设置船舶生活污水接收处理设施,接收船上生活污水并送至岸上的处理厂进行处理。

生物化学处理是利用微生物来消化、分解污水中的有机物,以此使污水净化,船上大多使用的是活性污泥法。使用这种方法前应先培植好气性微生物,在有氧与适宜的温度的条件下,这些微生物吸收污水中的有机物质,通过其自身的消化、分解,最终将有机物转化为简单的无机物。微生物在此过程中也得到了繁殖。

生活污水处理装置主要由曝气室、接触室和沉淀消毒室等组成,如图9-6所示。来自生活区的污水首先进入曝气室,在由风机不断通入空气的情况下,活性污泥将有机污染物质消化分解,使其变成无害的二氧化碳和水,同时活性污泥得到繁殖。二氧化碳气体由顶部的透气口排出。在有机污染物质减少时,活性污泥细菌呈饥饿状态以致死亡,死亡的细胞就成为附着在活性污泥中的原生物和后生动物的食物并被吞噬。粪便污水中95%以上的物质是易消解的有机物质,可以被完全氧化。

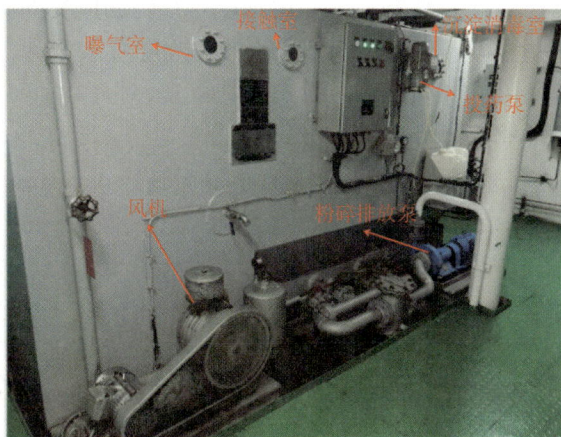

图9-6 WCB型生活污水处理装置

经初步净化的污水被送至二级接触室中,由充满好氧性细菌的生物膜进一步氧化分解,被氧化分解后的含有活性污泥及杂质的生活污水被送至沉淀消毒室中。在沉淀消毒室中,部分活性污泥沉淀物被送回曝气室内,以作为曝气室的菌种繁殖和再处理。多余的活性污泥沉淀物则定期被排出。经过沉淀处理的清净污水溢流并进入沉淀消毒室的消毒柜,由含氯药品杀菌,然后由兼作粉碎泵的排放泵排至舷外。使用这种装置时应该注意尽量不要使用化学药剂清洗厕所,以免杀死好氧性微生物。

如何处理船舶垃圾?

根据MARPOL 73/78公约防止船舶垃圾污染规则,船舶垃圾是指船舶在正常的营运期间产生的并且要不断地或定期地予以处理的各种食品、日常用品和工作用品的废弃物。

船舶垃圾主要包括:(1)塑料废弃物——含有或包括任何形式的塑料的

固体废物,其中包括缆绳、合成纤维渔网、塑料垃圾袋和塑料制品焚烧后的残渣;(2)食品废弃物——船上产生的变质或未变质的食材,包括水果、蔬菜、奶制品、肉类和食物残渣;(3)生活废弃物;(4)废弃食用油;(5)焚烧炉灰渣;(6)操作废弃物;(7)货物残留物;(8)动物尸体(作为货物被船舶载运并在航行中死亡的动物的尸体);(9)废弃渔具;(10)电子垃圾,如废弃的电子卡片、小型电器、电子设备、打印机墨盒等。船舶垃圾会改变海水成分,形成难闻的气味,改变动、植物的自然生存条件,影响自然景观,对人类和海洋生物造成危害,如图9-7所示。

图9-7 受船舶垃圾影响的海洋生物

排放要求应符合MARPOL 73/78公约附则Ⅴ的规定:

(1)塑料废弃物、生活废弃物、废弃食用油、焚烧炉灰渣、废弃渔具、电子废弃物禁止排放入海。

(2)食品废弃物

船舶应在航行途中排放:与最近陆地间距离小于等于3海里的海域,禁止排放入海;大于3海里小于等于12海里的海域,应通过粉碎机或磨碎机将食品废弃物处理至规定标准后排放;大于12海里的海域可以排放。

(3)操作废弃物

可将货舱、甲板和外表面洗涤水中包含的清洁剂或添加剂排放入海,但这些物质必须对海洋环境无害。

(4)货物残留物

船舶应在航行途中排放:与最近陆地间距离小于等于12海里的海域禁止排放入海;与最近陆地间距离大于12海里的海域可以排放,但这些货物残余不应包含任何被分类为对海洋环境有害的物质。

(5)动物尸体

船舶应在航行途中排放:与最近陆地间距离小于等于12海里的海域禁止排放入海;与最近陆地间距离大于12海里的海域可以排放。

另外,凡船长为12米及以上的船舶,应设置告示牌以便船员及乘客知道关于船舶垃圾处理的规定,而且告示牌的规格、内容及安装位置应符合有关规定。凡400总吨及以上的船舶,以及核准载运15人以上人员的船舶,应备有一份经海事管理部门批准的垃圾管理计划,该计划应对垃圾收集、储藏、加工和处理以及船上设备的使用等提供书面程序,并应指定负责执行该计划的人员。凡400总吨及以上的船舶,以及核准载运15人以上人员的船舶,应备有一份经认可的垃圾记录簿,以记录每次排放作业或焚烧作业情况。

船舶垃圾处理方法主要有四种:暂时收存、粉碎处理、压实处理和焚烧处理。

暂时收存:在船上设置固体垃圾收存柜、垃圾集装箱或使用聚乙烯材料制成的垃圾存放袋,排出的各种垃圾收存在这些柜、袋中。收存的垃圾应在船舶进港后再送交岸上的垃圾处理单位进行处理,或在船舶航行到非限制海域时投弃入海。船上垃圾站通常配置不同颜色的垃圾桶以分类接收不同的垃圾,如图9-8所示。

粉碎处理:先将废弃物进行高温消毒、除臭,然后利用粉碎机将废弃物粉碎成允许排放粒度,再排放入海。

压实处理:利用压力将垃圾的体积减小并将其容量提高。在大多数情况下,垃圾压实机的产物是块状材料,便于船上垃圾储存和在港口设施中卸下。

焚烧处理:将可燃垃圾(污油、油渣、废旧棉纱等)送入焚烧炉内焚烧后,其残渣几乎不会造成污染,因此可在任何海域排放。一般货船不设置生活垃圾专用焚烧炉,多数船将安装在机舱内的废油焚烧炉作为垃圾焚烧炉。

图9-8 船用垃圾桶

在船上,焚烧炉主要用于焚烧污油、油渣、生活污水处理装置排出的污泥、机舱废棉纱和其他可燃固体垃圾。船用焚烧炉如图9-9所示。其中,污油可通过污油燃烧器喷入焚烧炉进行燃烧;可燃固体垃圾可经加料门送入焚烧炉进行燃烧;生活污水处理装置排出的污泥可送入污油柜中与污油混合,经粉碎泵循环粉碎后,通过污油燃烧器喷入焚烧炉进行燃烧。

图9-9　船用焚烧炉

如何处理船舶压载水?

　　船舶压载水在排放过程中会携带各种水生物,主要包括细菌和其他微生物、小型无脊椎动物和其他物种的卵及幼虫,甚至一些小型鱼类。由于某些水生物种离开它们的原栖息地后能够建立新的种群并对当地物种构成潜在的威胁或引起较大范围的生态和环境的破坏,因此排放这些带有外来生物的压载水,可能会对排放地水域的生态系统、社会经济和公众健康等造成危害。

　　压载水引起污染问题的案例:20世纪80年代,一种外来的热带绿藻被传播到地中海,很快取代了当地的海草并影响了鱼苗和无脊椎动物生长的自然环境。1984年,这种海藻只覆盖了摩洛哥水域1平方米的面积,1993年其覆盖面积已达到13平方千米,1996年达到30平方千米,现在这种绿藻已占领了法国、西班牙、意大利和克罗地亚沿岸数千公顷的水域。一种原产于美洲东海岸的栉水母被认为在20世纪70年代通过船舶压载水传入黑海,大量吞噬其他幼鱼赖以生存的浮游生物、鱼卵等,导致黑海地区的鱼类养殖业崩溃。这种栉水母在黑海和亚速海的总量已达7亿吨,对生态环境的冲击是灾难性的。据统计,仅美国一个国家每年因外来生物入侵造成的经济损失就超过1 000亿美元。在美国,欧洲的斑马贝在北美五大湖区大批滋生,占据了40%

的水域,堵塞排水管道,迫使美国自1989年至2000年每年花费近10亿美元来控制其生长。

目前,压载水管理主要分三大类:压载水置换、船上处理压载水及其他方法和措施。压载水置换的基本原理是将压载水全部排出,然后用深海海水重新加满。过滤及旋流分离被认为是对环境最无害的方法,主要包括快速沙滤、筛漏、布质筛漏/过滤器和一系列的膜过滤。通过这种方法可以去除压载水中的微生物和病原体。压载水处理技术如下:

- 化学处理,主要是采用杀虫剂杀灭水生物。
- 加热处理,主要是利用高温杀死压载水中的有害生物。
- 紫外线处理,主要是利用紫外线对压载水中的生物和病原体进行杀灭。
- 超声波处理,主要是用超声波通过各种间接反应产生热量、压力波的偏向,形成半真空状态,从而使浮游生物因脱氧而死亡。

某船装设的AHEAD-II型压载水处理装置,主要采用过滤加紫外线处理的物理方法来处理船舶压载水,如图9-10所示。AHEAD-II型压载水处理装置具有全自动反冲洗功能,能够在不影响系统正常工作的情况下清洗过滤器,其处理能力为350立方米/小时。其系统采用耗电量低、发光转换率高的低压高强度紫外线杀菌装置,正常工作时能够有效杀死压载水中的微生物,从而使压载水排放满足IMO制定的第D-2条压载水处理性能标准。同时该系统不会造成二次污染,不会生成对环境有害的物质。

图9-10　AHEAD-II型压载水处理装置

如何防治船舶对大气的污染？

世界贸易海运由排水总量超过4亿吨的8万多艘船承担,其能量消耗约占世界总消耗量的3%。据统计,船舶柴油机的氮氧化物排放量约占全球氮氧化物排放量的7%,硫氧化物排放量约占全球硫氧化物排放量的4%,二氧化碳排放量约占全球二氧化碳排放量的2.7%。船舶造成的大气污染,主要是指船舶在运输过程中,由于燃烧排放和操作性排放,向周围大气环境排放了各种污染物质,使大气质量下降,造成对大气环境的物理性污染、化学性污染及热污染等。船舶燃烧排放如图9-11所示。其主要污染物包括硫氧化物、氮氧化物、臭氧层消耗物质、挥发性有机物和温室气体等,排气污染物对大气环境的影响主要包括烟雾、酸雨、臭氧层破坏、温室效应等。

硫氧化物排放后,在大气中会与云中的水雾结合形成酸雨,如图9-12所示,将对植物的生长产生严重危害。硫氧化物对人体的危害主要是刺激上呼吸道。人类长期暴露在低浓度硫氧化物环境中会慢性中毒,使嗅觉和味觉减退,易患鼻炎、支气管炎、结膜炎等疾病。

图9-11 船舶燃烧排放

图9-12 酸雨的形成

柴油机排放的氮氧化物绝大部分(90%以上)是一氧化氮,还有少量是二氧化氮。一氧化氮本身的毒性不大，但其在大气中会被臭氧氧化成二氧化氮。二氧化氮是一种刺激性气体，达到一定浓度时会具有很强的毒性，从而破坏人体的黏膜，引起肺癌，导致人体组织缺氧乃至窒息。同时氮氧化物还是形成光化学烟雾的物质之一，历史上光化学烟雾曾经导致美国的洛杉矶分别在1943年和1954年遭受严重的烟雾污染事故，造成多人得病。

近年来，温室气体排放问题引起了世界范围内的广泛关注。温室气体是指大气中能够吸收热和反射红外波的气体。地球上的温室气体很多，诸如水蒸气、二氧化碳、甲烷、氮氧化物、臭氧及氟氯化碳等。

大气中二氧化碳含量不断增加，形成了很严重的温室效应，导致气候变暖、冰川融化、海平面上升，给全球经济造成了巨大的损失，也对人类的生存造成了巨大的威胁。事实上，更严重的问题是，全球气候变暖会导致冰川融化，从而将原来被冰川吸收的另外一种温室气体甲烷也释放出来，形成一种正反馈效应并无法得到控制，这将会对整个人类造成灭顶之灾，这才是目前在全世界范围内努力控制二氧化碳排放量的真正原因。

排放控制措施

船舶动力装置废气排放控制总体可分为机前、机内、机后等控制方法。机前控制是指燃料在进入船舶动力装置之前对其进行处理，以此控制废气排放，目前主要的控制方法是使用清洁的替代燃料，此外还有燃油乳化等技术。机内处理是指通过优化调整船舶发动机燃烧过程，以此控制废气排放，目前主要的控制方法是采用废气再循环（EGR）技术，此外还有延迟喷油定时、燃油-水分层喷射处理等技术。机后处理是指对船舶动力装置的排气进行处理，以此控制废气的最终排放，目前主要的控制方法有选择性催化还原（SCR）、干法脱硫、湿法脱硫、混合处理等方法。其他控制方法主要有船舶靠港后使用岸电技术等。

硫氧化物主要采用机前处理和机后处理的方式。其机前处理主要是使用低硫燃油、清洁燃料；机后处理主要是采用各种脱硫技术进行尾气脱硫处理。氮氧化物可采用机前处理、机内处理和机后处理的方式。其机前处理是使用LNG等替代燃料、燃油乳化等；机内处理是采用废气再循环、延迟喷油定时、燃油-水分层喷射处理等技术方法；机后处理则是采用各种废气脱硝处理技术。

为了满足IMO及全球各地对于船舶废气中硫氧化物(SO_x)的排放量控制的要求，航运公司必须选择最佳方案和最佳应对措施，在减少SO_x排放的同时，尽可能减弱对航运的影响。IMO向船东提出了应对硫排放限制的建议：

- 一是使用低硫燃料油LSFO，从源头上直接解决尾气排放硫污染物的问题，但是它具有低黏度、低密度、低闪点、低润滑性、低倾点、低硫含量和低酸值等理化特性，并且根据燃油种类及生产工艺的不同，LSFO还存在燃油兼容性、稳定性及催化剂粉末等问题。目前船舶的燃油系统、机器设备一般都是基于高硫重油和船用柴油设计的，因此使用低硫燃油会给机器设备带来一定的风险。

- 二是安装废气洗涤脱硫系统。目前，船上主要采用两种系统：（1）开式脱硫系统，主要是利用天然海水的碱性物质与废气中的酸性气体SO_2发生中和反应从而达到除去SO_2的目的。由于海水具有天然碱性，从通用性、经济性及可行性方面考虑，海水洗涤很适合应用于船舶废气脱硫。（2）闭式脱硫系统，主要是以淡水作为循环水，向淡水中添加强碱作为脱硫剂来吸收废气中的SO_2，而海水在整个循环中只作为冷却水，不直接参与脱硫反应。由于该系统完全采用闭式循环的方式，参与反应的淡水不排放至大海，所以实现了绝对意义上的零排放。由于开式脱硫系统涉嫌污染转移，而且会在港区内排放大量酸性液体，对港区造成环境污染等，所以有不少港口国禁止在港口内使用该系统。目前，船东对船舶使用燃油的规划一般都是：在港口内，使用低硫燃油；在公海，使用高硫燃油，使用开式脱硫系统对废气进行脱硫，以达到与使用低硫燃油同等的硫氧化物排放水平。

- 三是使用液化天然气等替代燃料。

新能源在船舶上的应用

人类在历史长河中，已经经历了两次交通能源动力系统的变革，每一次变革都给人类的生产和生活带来了巨大变化，同时也成就了先导国或地区的经济腾飞。第一次变革发生在18世纪60年代，以蒸汽机技术诞生为主要标志，煤和蒸汽机使人类社会生产力获得极大的提升，带来了人类的工业经济和工业文明的发展，从而引发了欧洲的工业革命，使欧洲一些国家成为当时的世界经济强国。第二次变革发生在19世纪70年代，石油和内燃机替代了煤和蒸汽机，使世界经济结构由轻工业主导向重工业转变。

今天，在能源和环保的双重压力下，人类再次来到了交通能源动力系统变革的十字路口，第三次变革需要用新能源替代石油和内燃机，带领人类进入清洁能源时代。

随着科学技术的不断进步，以风能、太阳能、核能、生物质能和潮汐能等为典型代表的新能源在节能减排方面所具有的独特优势和所能产生的效益已经越来越显著。

风能的应用

源于地球表面大量空气流动所产生的动能——风能，是一种无污染且无限可再生资源，但其在应用时存在间歇性、噪声大、受地形影响和干扰雷达信号等难以彻底消除的缺点。当前，风能的应用主要分为以风能作为动力（风帆助航）和风力发电两种形式，风能在船舶上的应用形式偏重作为航行的主动力或辅助动力。

太阳能的应用

太阳能的应用主要有两个方面的技术，即光热技术和光伏技术。光热技术利用了太阳光的热辐射，其应用最为成功的领域是太阳能热水器，但考虑到各种因素，光热技术在船舶上的可行性不是很高。光伏技术可以对太阳光中的短波辐射能作用于硅质半导体上所产生的电能进行调制并加以利用。目前绿色船舶发展的一个重要方向是将太阳能光伏发电应用于船舶。

生物质能的应用

生物质能的应用主要有直接燃烧、热化学转换和生物化学转换三种途径。船舶属于一个相对独立且空间区域较为有限的结构体。机舱内的电设备、气设备、热设备和系统高度集成，考虑在船舶内附加安装生物质能转换装置有着不可避免的局限性，故而可行性不高。

核能的应用

核能作为一种能源，特别是一种动力能源，其优越性相当明显。核动力反应堆可以用来发电、供热和推动船舰。作为船舶动力源，核动力装置被应用于潜艇和航空母舰等军用舰艇。

海洋能的应用

海洋能是取之不尽、用之不竭的清洁能源，通常指依附于海水的潮汐能、潮流能、波浪能、温差能和盐差能。国际海洋能组织（Ocean Energy System，简称OES）调查显示，海洋能开发潜力巨大，但不同能量的形式及其理论储量存在差异,大多数海洋能技术仍处于开发阶段。潮汐发电技术最成熟,已实现商业化运营,但受资源量及选址等限制,近年来发展缓慢。

基于此,通过对LNG、LPG、甲醇、二甲醚、生物燃料等低碳能源及氢、氨等清洁能源的船用适应性进行分析后发现,目前比较成熟且可能在船舶上大规模应用的是LNG运输船。航运新能源的使用是一项具有长期性、复杂性的系统工程,对清洁能源应用前景的研判,需要综合考虑能源可供性、经济可接受性、技术成熟度、环境适应性、法规完备性等多方面因素。

第十章

船舶电力系统

船舶电力系统是船舶电能生产、转换、输送和消耗等全部装置的总称，为船舶生产、船舶运营提供电力来源，并为船舶安全、船员生活提供电力保障。

船舶电力系统的组成

船舶电力系统由船舶发电设备、船舶配电设备、船舶输电设备、船舶变电设备及船舶用电设备等组成，如图10-1所示。

船舶发电设备包括船舶主发电机、应急发电机、轴带发电机、蓄电池等。船舶停靠码头时可以接岸电，通过岸电箱接至岸电开关，并送至主配电盘进行配电。

船舶配电设备有主配电盘、应急配电盘、分电箱、蓄电池充放电盘、岸电箱等。

船舶输电设备(供电电网)是指输电电缆、电线，根据其连接的负载性质可以分为动力电网、照明电网、应急电网、临时应急电网等。

船舶变电设备有主照明变压器、应急照明变压器、厨房变压器、逆变器等。

船舶用电设备(负载)有拖动电机、电气照明、通信设备、导航设备及其他负载等。

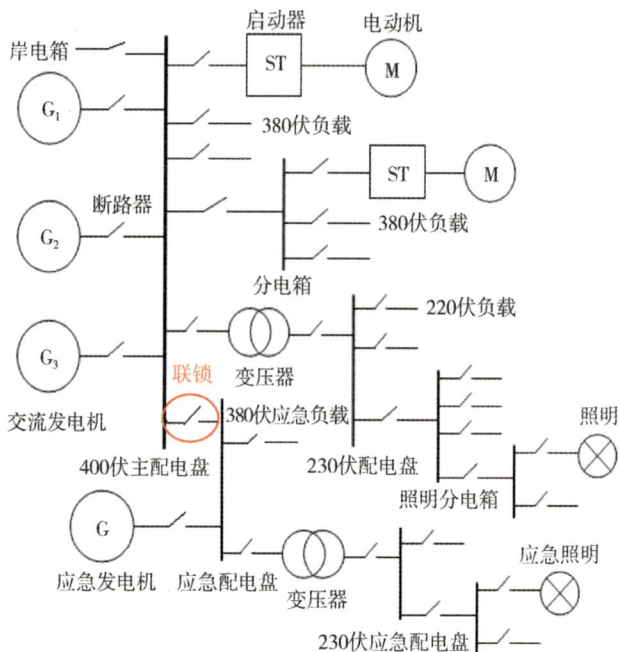

图10-1　船舶电力系统简图

　　船舶电力系统的电流形式有直流和交流两种,目前广泛采用的是交流系统,负载或用电设备的工作电源采用交流三相或交流单相电源。电压及频率有440伏、60赫兹及380伏、50赫兹两种主流制式,220伏、60赫兹也有应用,新兴的船舶中压电力系统也已经在特殊船舶(如电力推进船、石油工程船)上开始应用。

　　正常情况下,主发电机供电给主配电盘汇流排和应急配电盘汇流排。在主发电机发生故障并停止供电时,应急配电联锁开关失压脱扣,自动跳闸(如图10-1中的红色标识开关所示),船舶应急配电板失电,应急发电机自动投入工作并向船舶应急配电盘供电。

船舶电力系统的基本参数

　　船舶电力系统的基本参数是指电流种类(电制)、额定电压等级和额定频率等级。

电流种类

　　早期船舶采用直流电制,主要基于直流发电机调压容易、直流配电装置简洁、直流电动机调速平滑等优点,但在可靠性、经济性、可维修性等方面缺陷甚多;电力电子技术的发展突破了交流电力系统的调压、调频等一系列难点,使交流电占据了主要地位。除了特殊工程船外,几乎所有大、中型船舶均采用交流电力系统。

额定电压等级

世界各国对电压等级的选用与本国陆上电制参数一致,使船舶电气设备具有通用性。例如,美国和日本采用440伏、60赫兹的电制,而我国和俄罗斯等均采用400伏、50赫兹的电制。随着船舶大型化的发展,目前采用电力推进的商船、滚装船和一些工程船的电站的容量都比较大,出现了6千伏、3.3千伏以上中压等级的船舶电站。我国《钢制海船入级规范》规定:非电力推进船舶的限制电压为500伏,动力负载的额定电压为380伏,照明、生活居室的电热器的限制电压为250伏、额定电压为220伏。

额定频率等级

交流船舶电力系统的额定频率一般沿用各国陆地上的频率标准,如我国采用50赫兹,西欧各国和美国采用60赫兹。这里不包括弱电设备及海上平台特殊设备所需的特殊频率。

据统计,由电气线路和电气设备故障引起的船舶火灾占全部火灾事故的30%左右。对于已经切断电源的范围较大的电气火灾,可使用水和常规灭火器灭火。对于未切断电源的电气火灾,应采用绝缘性能好、腐蚀性小的灭火器具灭火,如二氧化碳灭火器、1211灭火器、干粉灭火器等。

船舶用电是如何产生的?

船舶发电设备(电源)是船舶电力系统的核心,通常是由原动机带动发电机,将运转中的机械能转化为电能,为全船用电设备提供电力。原动机可以是柴油机、蒸汽机、汽轮机和燃气轮机等。民用船舶一般采用柴油发电机,如图10-2所示。

根据《钢质海船入级规范》的要求,船用电源应配备主电源和应急电源两种。其中,主电源即由主发电机提供的电源,要求单台主发电机的负荷能力能够满足船舶正常航行时的负载需要并留有一定裕量,另外应有一台以上同型号主发电机作为备用,因此船舶机舱中一般配置两台以上主发电机。

图10-2　柴油发电机

　　柴油机部分在前文已做了介绍,三相交流发电机的主要组成部分是电枢和磁极。电枢是固定的,亦称定子;磁极是转动的,亦称转子。三相交流发电机结构如图10-3所示。转子铁芯上绕有励磁绕组线圈。同步发电机的转子是旋转的,其中装设的转子励磁绕组线圈两端与两个彼此绝缘的滑环连接,外界是通过压在滑环上的电刷将直流电送给励磁绕组线圈的,当转子励磁绕组线圈得电后,就会产生磁场,有N极、S极。当转子在原动机的带动下旋转时,三相定子电枢绕组就切割磁力线并感应出电动势。目前,船舶上同步发电机使用较多的励磁方式是自励,同步发电机的励磁绕组线圈的直流电源不是外接的,而是由同轴旋转的励磁机产生的交流电通过旋转整流器变成直流电供给的。

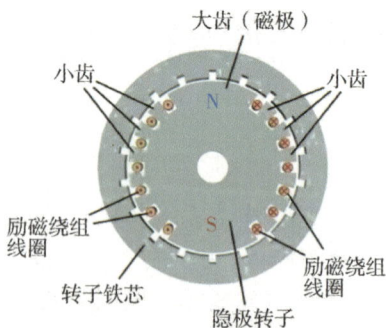

图10-3　三相交流发电机结构简图

　　应急电源有应急发电机电源和小应急电源两种形式。应急发电机电源由安装在主甲板以上的应急发电机组提供,如图10-4所示。当船舶主发电机组故障造成主汇流排失电时,应急发电机组自动启动。当建立电压后,应急

图10-4 应急发电机

发电机组的主开关自动合闸并向应急电网供电。应急发电机组的负荷能力应满足消防、救生的应急动力设备、应急照明设备、驾驶台应急设备的要求。其工作原理与主发电机组一样，只是原动机的启动方式有些区别而已。

小应急电源即24伏蓄电池电源，可在主电源及应急电源失电情况发生时由蓄电池供电，为24伏应急设备(如通信导航设备、24伏应急照明等)提供电源，也可作为船内通信设备(如电话、广播、信号报警等系统)的正常工作电源，还可作为机舱自动控制装置的备用电源。

船用蓄电池有酸性蓄电池(如图10-5所示)和碱性蓄电池两大类。酸性蓄电池也称为铅酸蓄电池，其船用历史最久，常用于小型柴油机的启动电源和应急照明；碱性蓄电池主要用于无线电通信设备，其价格较高，广泛用于民用船舶。

图10-5 酸性蓄电池组

轴带发电装置也是主电源的一种形式，是由船舶主机驱动发电机供电的装置，可以利用主机富余功率来达到节能的目的。近年来，新造的大多数集装箱船、矿砂船、散装液货船都安装了轴带发电机系统。轴带发电机如图10-6所示。

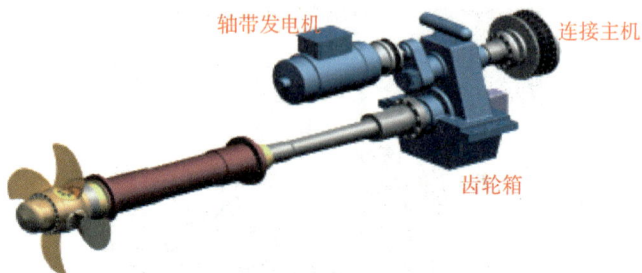

图10-6　轴带发电机

船舶配电装置

配电装置是接收和分配电能,并对电网实现保护的设备。船舶配电装置的种类主要有面向主发电机控制和监测的主配电板、面向应急发电机控制和监测的应急配电板、面向蓄电池组控制和监测的蓄电池充放电板。

主配电板

船舶主配电板是船舶电力系统的中枢,是最重要的配电装置,为了防止被油水污染,一般装设于发电机组不远处带空调并能隔音的机舱集控室中。船舶主配电板主要由发电机控制屏、并车屏、负载屏等组成,并用多个金属结构的落地式箱、盘或柜组装而成,每一个箱或柜称为一个屏,屏与屏之间用螺钉紧固,每一个屏上都装有各种必需的配电电器和测量仪表,如图10-7所示。

发电机控制屏

每台发电机组均配有单独的控制屏,用来控制、调节、保护、监测发电机,如图10-8所示,包含发电机主开关和操纵器件、指示灯、仪表及保护环节等。控制屏上部六块仪表分别是电流表、功率因数表、功率表、电压表、频率表和计时器;中间为发电机并车与保护单元(Paralleling and Protection Unit,以下简称PPU),其内部有CPU处理器、存储器、总线、输入接口、输出接口、电源、通信接口等单元,可以实现人机对话、机间通信;下部左侧三个(白、黑、红)按钮在并车时使用,中间黄色灯亮代表备用、白色灯亮代表正在用,右侧绿色是启动按钮、红色是停止按钮,带盖的红色按钮是应急情况下的应急停止按钮。

图 10-7　船舶主配电板

图 10-8　发电机控制屏

并车屏

　　规范要求至少设置两台主发电机,当设备用电量比较大(如进出港口备锚、装卸货物)时,需要两台或两台以上发电机通过公用母线向全船负荷供电,这就是通常所说的船舶发电机的并联运行。船舶发电机投入并联运行的操作过程称为并车。并联运行着的发电机退出电网所进行的操作称为解列。并车屏上一般安装有同步表、同步指示灯、操纵按钮、熔断器、报警指示灯等,如图 10-9 所示。在并车屏上可以操纵任意一台发电机进行调速、投入、切除、半自动或自动并车。船舶三相交流发电机理想的准同步并车条件有:待并发电机的电压与运行发电机(或电网)的电压大小相等、频率数值相等、初相位一致。这是最理想的情况,此时并车合闸时没有冲击电流。但实际要求待并发电机的频率比电网的频率稍高,因为合闸瞬间待并发电机负荷增加,其频率会有所下降。

图10-9　并车屏面板

负载屏

负载屏包括:动力负载(380伏负载屏),如主机滑油泵、舵机、空压机、起货机、锚机等;照明负载(220伏负载屏),通常安装有装置式自动空气开关、电压表、电流表及转换开关、绝缘指示灯、兆欧表等,如图10-10所示。它们用于分配电能并完成对各馈电线路进行控制、监视和保护等。有些动力负载屏上还装有重要泵的组合启动装置(组合启动屏如图10-11所示),如主机滑油泵、高温淡水泵、低温淡水泵等。

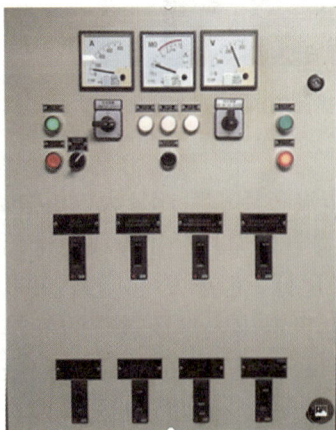

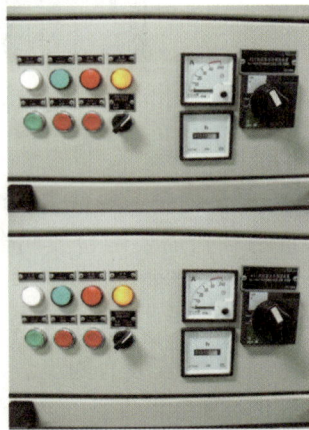

图10-10　负载屏　　　　　　图10-11　组合启动屏

应急配电板

应急配电板用于应急发电机的控制和监视,并向应急用电设备供电。它与应急发电机组安装在同一舱室内,一般位于艇甲板。应急配电板由应急发电机控制屏和应急配电屏(如图10-12所示)组成,其仪表与主配电板基本相同。应急发电机总是单机运行,所以不需要并车屏、逆功率继电器和同步表等。

应急电网平时可由主配电板供电,只有当主发电机发生故障或检修时才由应急发电机组供电。主配电板通过供电开关和联络开关连通应急配电板,联络开关与应急配电板的主开关之间设有电气联锁,以保证当主发电机向电网供电(即主网不失电)时,应急发电机组不工作。一旦主发电机开关跳闸,经应急发电机组的自动装置确认后,自动启动应急发电机组,并合闸向应急电网供电。

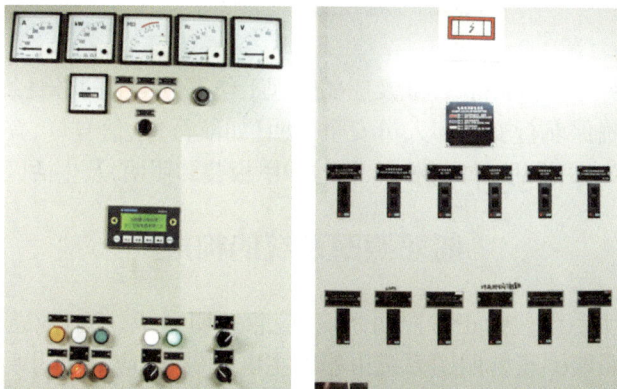

图10-12　应急发电机控制屏和应急配电屏

蓄电池充放电板

船舶设置充放电板对蓄电池进行充电、放电,实现向用电设备正常供电。蓄电池充放电板(如图10-13所示)一般由交流电源、变压器、整流器、充电控制器、船用蓄电池组、负载断路器及监测仪表等组成。现代船舶自动化程度越来越高,自控设备大多采用24伏直流电源。关键性控制设备、应急设备,除本身自备电源外,还应设有应急电源,以保证设备安全、可靠。实际上,蓄电池充放电板、蓄电池组是船舶24伏的不间断直流电源。

图10-13　蓄电池充放电板

现代船舶24伏负载设备有很大变化,例如某船设有三套充放电板:机舱自动化充放电板,负责为主配电盘、主机遥控、辅机遥控、集中监视报警等供电;应急及航行设备充放电板,负责为助航仪器、首侧推控制、操舵系统、二氧化碳控制、火警控制、防火门、防火风闸、延伸报警等供电;应急照明充放电板提供应急照明。

船舶照明系统

船舶照明是船舶航行、作业及船舶管理工作人员生活的必要条件。船舶照明通常包括确保航行安全和人员安全照明(如航行灯、信号灯、登放艇区域照明)、船舶工作场所照明(如驾驶台、机舱和甲板装卸照明)及生活区域照明等。

船舶照明系统的构成

船舶照明系统包括正常照明系统、应急照明系统、临时应急照明系统和航行信号灯系统。正常照明系统由船舶主电源供电;应急照明系统由应急电源(一般是应急配电盘)供电;临时应急照明系统一般由蓄电池组供电;航行信号灯系统由正常电源和应急电源供电。

正常照明系统

正常照明系统又称主照明系统,向船舶内外各个生活和工作场所提供足够的照度。正常照明系统由主配电板经照明分电箱分层(如图10-14所示)、分区域供电。

正常照明包括:舱室主照明,如棚顶荧光灯、舱顶灯等;局部或辅助照明,如床头灯、镜前灯等;装卸货强光照明,如探照灯、投光灯等;室内外走廊、过道半数以上的照明;等等。对于在正常条件下可能存在爆炸性粉尘或气体的场所,如煤舱、油柜舱、油漆间、蓄电池室,应装设防爆灯具,且在对应处所外面装设开关以对室内照明进行控制。油漆间、蓄电池室等需要通风的场所装设的风机也应是由防爆型电动机驱动的。蓄电池室的防爆灯具和防爆型电机如图10-15所示。

图 10-14　照明分电箱

图 10-15　蓄电池室的防爆灯具和防爆型电机

应急照明系统

应急照明由应急配电盘经应急照明变压器向各应急照明分电箱供电。《钢制海船入级规范》规定,客船和500总吨以上的货船,在下列处所必须设置适当数量的应急照明:重要工作舱室,如驾驶室、消防站、各种控制室;各种机器处所,如机舱、舵机舱、应急发电机室;通道、逃生口、梯道及乘人电梯内;主配电盘、应急配电盘前后;放艇筏处;消防装备储放处;等等。应急照明灯上应有明显的标志,或在结构选型上与一般照明灯具不同。

临时应急照明系统

把蓄电池组作为应急电源的船舶一般不设置临时应急照明系统,但把应急发电机作为应急电源的船舶必须设置临时应急照明系统,用以弥补正常与应急电源转换时带来的短时断电,保证船舶与旅客的安全。临时应急照明系统必须采用蓄电池组供电,并应保证当主电网及应急电网失电或电压下降40%额定值时能自动接通,主电网及应急电网电压恢复时能自动切断。临时应急照明系统不得采用荧光灯,不得设置就地开关。临时应急照明灯具上应有永久性明显标志(红色),如图10-16所示。

图10-16　临时应急照明灯具

航行信号灯系统

航行信号灯系统分为航行灯和信号灯，是船舶照明系统中的一个独立部分。

航行灯是保证船舶夜间安全航行的重要灯光信号，用以表明本船的位置、状态、类型、有无拖船等，从而防止周围或过往船舶误会，以免发生海损事故。每航次在开航之前都应检查各航行灯，及时换上好的灯泡，避免在航行中再上桅杆换灯泡。航行灯灯泡一般为60瓦的双丝白炽灯。每套灯具都为双套，其中一个作为备用，可在控制面板上进行切换，如图10-17所示。

图10-17　航行灯控制面板及航行灯具

信号灯是船舶在各种特殊情况下的灯光标志。信号灯的种类很多。为了适应某些国家的港口和狭窄水道的特殊要求，远洋船舶的信号灯设置得比较复杂，包括前锚灯、后锚灯、失控灯、摩斯灯、通信闪光灯、雾笛信号灯、苏伊士运河灯组等，其布置和配置都应满足相关规定。雷达桅上的信号灯如图10-18所示。

图 10-18 雷达桅上的信号灯

你会使用万用表吗？

万用表是电力维修人员必备的故障查找工具。在日常的维修保养过程中，万用表发挥着极其重要的作用，那么应如何使用万用表呢？

万用表的使用方法

万用表在使用时应遵守以下原则：

● 测量先看挡，不看不测量。使用万用表进行测量时，务必再核对一次电参量的类型及量程，检查选择开关是否拨对位置。

● 测量不拨挡，测完拨空挡。测量过程中不能任意拨动旋钮，特别是测高压（如220伏）或大电流（如0.5安）时，以免产生电弧，烧坏转换开关触点。测量完毕后，将量程选择开关拨回"OFF"挡。

● 表盘应水平，读数要对正。使用万用表时应该水平旋转，读取示数时视线应正对着万用表指针（数字式不需这样）。

● 量程要合适，针偏过大半。选择量程时，若事先无法估计被测量的大小，应尽量选较大的量程，然后根据偏转角的大小，逐步换到较小的量程，直到指针偏转到满刻度的2/3左右为止。

● 测电阻不带电，测电容先放电。严禁在被测电路带电的情况下测电阻。检查电气设备上的大容量电容时，应先将电容短路放电后再测量。

● 测电阻先调零，换挡需调零。测量电阻时，应先将转换开关旋到电阻挡，把两表笔短接，旋调零电位器，使指针指零欧姆后再测量。每次更换电阻挡时,都应重新调整欧姆零点。

● 黑负要记清,表内黑接"+"。红表笔为正极,黑表笔为负极,但电阻挡上黑表笔接内部电池的正极。

● 测电流应串联,测电压要并联。测量电流时,应将万用表串接在被测电路中;测量电压时,应将万用表并联在被测电路的两端。

● 极性不接反,单手成习惯。测量电流和电压时应特别注意红表笔、黑表笔的极性不能接反,并且一定要养成单手操作的习惯以确保安全。

数字式万用表如图10-19所示。万用表是一种多功能、多量程的便携式电工仪表,图中所示的万用表可用来测量:直流和交流电压(最高可达1 000伏)、直流和交流电流(最大可达20安)、电阻、电容、频率、二极管正向压降、三极管直流放大系数等。下面以交流电压挡和蜂鸣/二极管挡的使用为例进行说明。

测量交流电压的步骤

测量交流电压的步骤如下:

● 将红表笔和黑表笔进行连接。

● 将旋钮转至电压挡,选择合适的量程(如6伏、60伏、600伏、1 000伏)。

● 将表笔接触正确的电路测试点,测量电压。

● 读取显示屏上测出的电压。

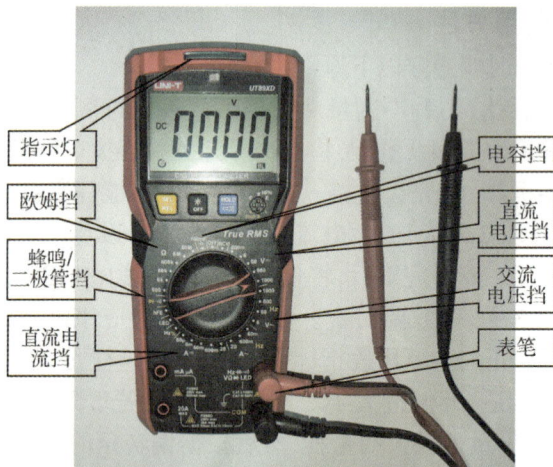

图10-19 数字式万用表

测量电路通断的操作步骤

测量电路通断的操作步骤如下:

● 将红表笔和黑表笔进行连接。

● 将旋钮转至蜂鸣/二极管挡,确保已切断待测电路的电源。

● 用表笔接触正确的电路测试点。

- 如果被测两端之间的电阻大于30欧,则认为电路断路,蜂鸣器无声;被测两端之间的电阻不大于30欧,则认为电路良好导通,蜂鸣器连续声响。如果显示屏显示"OL",则表示电路开路。

测量二极管的操作步骤

测量二极管的操作步骤如下:

- 将红表笔和黑表笔进行连接。
- 将旋钮转至蜂鸣/二极管挡。
- 短按SEL/REL按键,以切换到二极管测试模式。
- 将红表笔接到待测二极管的阳极,黑表笔接到待测二极管的阴极。
- 在显示屏上读取正向偏压值。
- 当读取值小于0.12伏时,红色指示灯点亮、蜂鸣器会长鸣,表示二极管可能被击穿损坏;当读取值在0.12~2伏时,绿色指示灯点亮、蜂鸣器发出"嘀"的一声,表示二极管正常。
- 当被测二极管开路或极性反接时,将会显示"OL"。

船舶内部通信及机舱报警识别

随着船舶大型化、自动化的迅速发展,船舶内部通信及信号装置如同人体的神经系统,遍布船舶各个舱室,使船舶成为一个有机的整体。

常用的船用电话的分类

常用的船用电话分为三种类型:船用声力电话、船用自动电话、船用指挥电话。

船用声力电话

船用声力电话(如图10-20所示)也称直通电话或对讲电话,它是两个重要工作部位的专用电话,是保证快速通话的联络通信。它由两台声力电话机直接连接在一起组成。某船驾驶台配备三台声力电话:左边为选通声力电话,可以选择2-6,分别直通消防控制室、二氧化碳室、应急发电机室、主机舱、副机舱;中间的声力电话直通舵机舱;右边的声力电话直通集控室。

图10-20　船用声力电话

声力电话不需要电源,凭借人们讲话的声音使送话器的振膜随声音而振动,改变了磁路中气隙的大小,引起磁路中磁通量的变化,从而在送话器线圈中产生感应电流,实现声电之间的转换。这个感应电流传输到收话方受话器的线圈中,从而引起磁通量发生同样的变化,使受话器的振膜振动,发出声音。

船用自动电话

船用自动电话(如图10-21所示)是为了有关舱室进行日常工作和生活上的联络通话而装设的。它由一台无须人(话务员)值班的自动电话交换机(也称总机)和若干台带有拨号盘(或按键)的单机(也称自动电话机)组成。通常,总机安装于总机室或通道内,自动电话机分别安装于各工作舱室和生活舱室。

为了保证船长室或轮机长室的电话在必要时能优先于其他用户进行呼叫和通话,船长室或轮机长室的电话应设为特殊用户。在船舶停靠码头时,自动电话系统能与岸上电话网相连。

图10-21　船用自动电话

船用指挥电话

船用指挥电话(如图10-22所示)是驾驶台与航行有关部位之间进行指挥通话时使用的,能保证船舶安全航行的联络通信,包括总机和单机。总机安装在驾驶台内,单机安装在航行各有关部位。

船用指挥电话具有声力电话直通的特点,还具有总机和单机通话、单机和单机通话、总机同时和所有单机通话的特点。总机和单机都有双向半导体放大器,通话声音大,还带有闪光器,能适应机舱内噪声较大的环境。

图10-22 船用指挥电话

机舱报警识别

机舱报警柱(如图10-23所示)从上到下分别是:

通用紧急报警

通用紧急报警是在紧急情况下,向全体船员发出的、召唤旅客和船员至集合部位的紧急报警。

二氧化碳灭火报警

二氧化碳灭火报警是对充满二氧化碳或其他灭火剂的处所(如机舱),在二氧化碳或其他灭火剂释放前和释放过程中发出的紧急报警。

火灾报警

火灾报警是在失火时,由驾驶台或者消防控制站向全船人员发出的紧急报警。

机械报警

机械报警是由机械系统的故障或者类似的情况而引起的报警。

呼叫

呼叫是一个人为了要求联系、支援和(或)采取行动,而向另一个人或一群人发出的信号和指示,如轮机员安全呼叫板、轮机员值班呼叫系统等。

车钟指示

当驾驶台发出车令后,集控室和机旁的复示指

图10-23 机舱报警柱

针或指示灯将跟踪驾驶台车令,轮机员应在主机的当前操作部位进行回令,即将车钟手柄推到相应的位置,或按下按键式车钟相应的挡位按钮。在车钟手柄位置与跟踪指示灯位置不一致的情况下,发出错位报警,直至车钟手柄位置与跟踪指示灯位置一致为止。

第十一章

轮机自动化

船舶机舱集中监视与报警系统基础知识

机舱集中监视与报警系统的功能是准确、可靠地监测机舱内各种动力设备的运行状态及其参数,一旦运行设备发生故障,将自动发出声光报警信号。根据自动化程度的不同,有些系统还具有打印记录、参数显示和状态显示、延时报警、值班呼叫等功能。对于无人值班机舱,机舱集中监视与报警系统还能把报警信号延伸到驾驶台、公共场所、轮机长室和值班轮机员室。机舱集中监视与报警系统不仅可以改善轮机管理人员的工作条件、减轻劳动强度、及时发现设备的运行故障,也是实现无人机舱的基本条件。

参数类型

在机舱中需要监视的参数可分为两类:一类是开关量;另一类是模拟量。
开关量是指只有两个状态的量。这两个状态通常表现为开关的断开和闭合,而开关的形式可以是机械开关,也可以是继电器触点。在船舶机舱中,开关量可以反映设备的运行状态。监视与报警系统能对这些开关量进行显示，并在需要报警的时候发出声光报警，这些声光报警器包括柴油机高压油管漏泄报警传感器、污水井报警浮球装置等。

模拟量是指连续变化的量，如温度、液位、压力和转速等参数。监视与报警系统应能对这些模拟量进行实时显示，如果参数超过设定的范围，则应发出越限声光报警。越限声光报警分为两种情况：有些参数是不允许超过某一上限值的，当超过这一上限值时发出的报警称为上限报警；另外一些参数则不允许低于某一下限值，当低于这一下限值时发出的报警称为下限报警。通常，温度参数的报警为上限报警，压力参数的报警为下限报警，而液位参数的报警既有上限报警也有下限报警。

监测方法

监测方法分为：一类是连续监测；另一类是扫描监测。

连续监测

连续监测是指机舱中所有监测点的参数并行地送入监视与报警系统，同时对所有监测点的状态及参数进行连续监测。系统中的核心单元是报警控制单元，它由各种测量和报警控制电路组合而成。每个监测点都需要一个独立的电路进行测量和产生报警信号，测量结果和报警信息送至公共的显示和报警电路，但在设计上通常将多个同类型参数的电路制作成一块电路板。

由于连续监测的每个监测点都采用单独的电路，因此各监测点之间的相互影响较小，当其中一个监测点通道发生故障时，不会影响其他监测点通道的工作，在原则上也不会限制监测点数量的增减，但其所需硬件较多、造价较高。

扫描监测

扫描监测也称为巡回监测，这种方法是指在一定的时间间隔内依次对各个监测点的参数和状态进行扫描，将监测点信息逐一送入监视与报警系统进行分时处理的方法。因此无论监测点有多少，仅需要一个测量和报警控制单元。

巡回监测可通过常规集成电路和微型计算机来实现。由于微型计算机具有采样速度快、检测精度高、体积小、数据处理功能强大、显示手段先进等优点，大多数船均采用基于微型计算机技术的监视与报警系统。此外，计算机网络技术的成熟应用已经使得监视与报警系统朝着分布式网络结构的方向发展。

监视与报警系统的组成和功能

一个完善的监视与报警系统由以下三部分组成：

- 分布在机舱各监测点的传感器。
- 安装在集中控制室内的控制柜和监视仪表（或监视屏），如图11-1所示。

图11-1　控制柜和监视仪表

- 安装在驾驶台、公共场所、轮机长室和轮机员室的延伸报警箱，如图11-2所示。

图11-2　延伸报警箱

不同的监视与报警系统，在原则上都应该具有以下几个方面的功能：

声光报警

声光报警是监视与报警系统最根本的功能，只要监测点的状态发生异常或者出现参数越限，系统就会发出声光报警，以便问题得到及时处理。大多数的报警无法在报警发生之后自行消失，只有进行了相应的处理才能使状态恢复正常，这类报警称为常规报警或长时报警。对于某些具有主/备切换功能的设备，当主用设备出现故障并发出报警时，备用设备将自动运行，由于运行参数恢复正常，报警会在短时间内自动消失，这类报警称为短时报警，但应让值班轮机员知道有设备发生故障并已被切换。

在正常运行期间，监视与报警系统不会发出报警指示和声光报警。当被监测点发生异常时，若该监测点未被闭锁，则系统立即发出声光报警，同时相应的报警指示灯(或屏幕文本字块)快速闪烁并指示报警内容。报警发生后，要求值班人员按下消音按钮来消音和确认报警。确认报警后，报警指示灯由闪烁转为平光(或者闪烁文本转为高亮)。当监测点状态或参数恢复正常时，报警指示消失，即报警灯熄灭(或者高亮消失)。当出现短时报警时，系统也会立即发出声光报警，但往往会在短时间内自动恢复，报警指示将由快闪转为慢闪，但声光报警还将继续，直到按下消音按钮。

参数显示与状态显示

参数显示是指通过模拟仪表、数字仪表或者计算机屏幕对所有监测点的运行参数进行显示，即模拟量显示。状态显示是指反映设备运行状态的开关量显示，通常采用绿色指示灯(灯泡或发光二极管)表示系统或设备处于正常运行状态，红色指示灯表示系统或设备处于报警状态，如图11-3所示。

图11-3 参数显示与状态显示

打印记录

打印记录一般有参数打印和报警打印两种。参数打印又分为定时制表打印和召唤打印。定时制表打印是打印机以设定的时间间隔自动将机舱内需要记录的全部参数打印制表；召唤打印是随时打印当时的工况参数，可对监测点参数进行全点或选点打印。报警打印是只要有报警发生，系统就会把报警名称、报警内容和报警时间进行自动打印输出，在报警解除时再自动打印报警解除时间。许多监视与报警系统的软件功能还具有"事件"记录和"事件"打印功能。

延时报警

船上经常发出报警信号，但有时并不是真正的故障报警。例如，由于船舶的摇晃，处于报警线附近的油水柜的液位一会儿正常、一会儿报警。另外，在运行期间,某些监测开关的状态会由于环境的干扰而发生瞬间变化。例如,当船舶激烈振动时,某些压力系统的压力波动容易使报警开关发生抖动,致使发生误报警。在报警装置中,一般均设有延时报警环节,以免发生误报警。对于液位报警,延时时间在20～30秒,让延时时间大于船舶摇摆周期;对于开关量报警,延时时间只要大于0.5秒即可。

闭锁报警

闭锁报警就是根据动力设备不同的工作状态,封锁一些不必要的监测点报警。例如,船舶在停港期间,由于主机处于停车状态,主机的冷却系统、燃油系统、滑油系统等均停止工作,与这些系统相关的参数都会出现异常。因此,有必要封锁与这些系统有关的监测点报警。

延伸报警

延伸报警功能是为无人值班机舱设置的。在无人值班的情况下,必须将机舱故障报警信号分组后传送到驾驶台、公共场所、轮机长室及值班轮机员室的延伸报警箱。延伸报警按监测点故障的严重程度分为四组:主机故障自动停车报警,主机故障自动降速报警,重要故障报警,一般故障报警。因此,可以根据故障的类型,在不同的延伸报警处设置不同的故障指示板、选择应答方式。

失职报警

在无人值班的情况下,监视与报警系统在发出故障报警的同时,还会触发3分钟计时程序。若值班轮机员未能在3分钟内及时到达集中控制室并完成确认操作,即使已在延伸报警箱上进行过确认,仍将被认为是一种失职行为,报警系统会使所有延伸报警箱发出声光报警信号。报警系统发出失职报警后,只能在集中控制室进行消音,复位3分钟计时器后才能撤销失职报警。

值班呼叫

值班呼叫功能主要用于轮机员交接班时进行信号联络。轮机员呼叫板如图11-4所示。

测试功能

在集中控制室的操纵台上,一般都设有试灯按钮和功能测试按钮。

自检功能

监视与报警系统正常工作的前提是系统本身没有故障。为了确保监视与报警系统本身的工作可靠,对于诸如输入通道、电源电压和保险丝等重要环节,应具有自动监测功能。出现异

图11-4　轮机员呼叫板

常时,系统将自动发出相应的系统故障报警。

备用电源的自动投入

要使监视系统在全船失电的情况下能正常工作,就必须配备相应的备用电源。在主电源失压或欠压时,系统能自动启用备用电源,实现不间断供电。不间断电源(Uninterruptible Power Supply,简称UPS),是一种含有储能装置的不间断电源,主要用于给部分对电源稳定性要求较高的设备,提供不间断的电源。

船舶发动机有挡位吗?

你了解汽车挡位的作用吗?

汽车行驶时,通过换挡可以使发动机工作在最佳的动力性能状态下,所有的行驶状况都有相应的换挡点,以使发动机动力和油耗得到良好匹配。首先我们了解一下汽车挡位各个字母的含义,如图11-5所示。

P——驻车挡(Parking),汽车停止并挂上P挡后,停车锁止机构将变速器输出轴锁住。当车辆需长时间停车,特别是在坡道上停车时,需要换成P挡,此时车轮处于机械抱死状态,能保证车辆在静止状态下不移动。要注意的是,应该在车辆挂入P挡之后再熄火,然后拔下钥匙,否则将损害变速齿轮。车辆在行驶过程中千万

图11-5　汽车挡位

不可推入P挡,否则会对车辆造成极大损伤。目前,有些车型会独立出P挡,称为电子制动,其原理是一样的。

R——倒车挡(Reverse),驱动轴反转。车辆停止时才能挂入该挡位。有锁止按钮的车型还需要按下按钮才能切换。

N——空挡(Neutral),行星齿轮系统空转,不能输出动力。N挡可在车辆

刚启动或拖车时使用，还可以在等待信号或堵车、短暂停车时使用，在挂入 N 挡的同时要拉紧手刹，在坡道短暂停车时为防止溜车还要踩着制动。在下坡时禁止使用空挡滑行，因为使用空挡滑行不但不省油，还会损坏变速箱。

S——运动挡（Sport），在 S 挡运动模式下，变速箱可以自由换挡，使发动机在高转速上保持较长时间，使汽车在较长时间内以低挡位高转速行进，进而获得较大的扭力输出和加速度。运动挡适合超车时使用，不适合高速行驶时使用。

D——前进挡（Drive），是最常用的挡位。在准备起步行驶时，踩下刹车后，要将挡杆挂入 D 挡，然后松开手刹，缓慢踩油门，缓慢松刹车，继续加油门，这时汽车会根据车速自动在各挡之间切换。D1 挡（或 L 挡）、D2 挡、D3 挡分别相当于手动挡的 1 挡和 2 挡、3 挡和 4 挡、5 挡和 6 挡。在下长坡时，由于自动挡车的 D 挡不具备发动机刹车制动的功能，所以不要一直挂 D 挡，否则车速会越来越快，从而带来安全隐患，而且频繁踩刹车会导致刹车片因过热而过度磨损。

L——低速挡（Low），车辆下坡时，挂入低速挡以减少刹车制动；车辆上坡时，挂入低速挡，这样爬坡会更有力。

有的汽车配有 D1、D2、D3、M、+、-等限制挡。M 为手动模式，是手自一体车型所特有的，可以享受手动换挡的乐趣。+表示升挡，而-表示降挡。限制挡一般在上、下坡时使用，例如，当挂入 3 挡或 2 挡时，会限制最高挡位不超过 3 挡或 2 挡，因此当遇到比较长的下坡时，可根据坡度和车速将挡位切换到 3 挡或 2 挡，这样就可以起到通过挡位控制车速的目的了。在上很长的斜坡时，或者在比较倾斜的坡道上启动时，换成 3 挡或 2 挡能获得更大的输出动力。当坡实在是太陡峭时，用 1 挡进行爬坡，下坡时利用发动机制动力进行制动，它比直接挂 D 挡时的动力要强很多。在下坡时，尽量避免因频繁地踩刹车导致刹车片过热而过度磨损，从而发生事故。

船舶发动机的挡位——车钟

车钟又称传令钟。驾驶员通过摇车钟来与管机器的轮机员联系，根据轮船进、退、停的需要，让轮机员改变主机的转数和方向，控制轮船航行的快、慢、进、退和停止。

从传统意义上讲，车钟系统只是用来在各操作部位之间发送和接收主机操作指令及传递操作信息的装置，一般都由驾驶台车钟、集控室车钟和机旁应急车钟组成。根据所传递指令的不同性质，车钟还可分为主车钟和副车钟两种。

主车钟

主车钟用于传送停车、换向和转速设定等主机操纵命令，一般设有停车

(STOP)、前进微速(AHEAD DEAD SLOW)、前进慢速(AHEAD SLOW)、前进半速(AHEAD HALF)、前进全速(AHEAD FULL)、海上全速(NAVIGATION)、后退微速(ASTERN DEAD SLOW)、后退慢速(ASTERN SLOW)、后退半速(ASTERN HALF)、后退全速(ASTERN FULL)和应急后退(CRASH ASTERN)等挡位。驾驶台车钟和集控室车钟一般采用手柄操作,而机旁应急车钟除了早期船舶采用手柄操作外,目前大多数船均采用按键操作。主车钟如图11-6所示。

图11-6　主车钟

　　手柄式车钟一般设有两根指针,如图11-7所示,一根指示本地手柄的位置,另一根跟踪其他操作部位的手柄位置,也称为复示指针。按键式车钟用指示灯代替指针。

　　当驾驶台发出车令后,集控室和机旁的复示指针或指示灯将跟踪驾驶台车令,轮机员应在主机的当前操作部位进行回令,即将车钟手柄推到相应的位置,或按下按键式车钟相应的挡位按钮。回令之前,三处车钟均有声响提示,回令结束后,三处声响提示均消失。

　　对于在驾驶台安装有自动遥控系统的船舶,车钟系统往往还兼有主机的控制功能,除了传送车令信息外,还需向主机遥控系统发送

图11-7　手柄式车钟

主机的各种操作命令。目前,大型自动化船舶所使用的车钟通常都是集传令车钟与遥控手柄于一体的指针跟踪式或指示灯跟踪式车钟,车钟系统已成为主机遥控系统的重要组成部分。

副车钟

副车钟用于传送与主机操纵有关的其他联络信息,如备车(STAND BY)、完车(FINISHED WITH ENGINE)和海上定速(AT SEA)等。

假设当前操纵部位为集控室:当需要进入备车状态时,首先在驾驶台按下"备车"按钮,发出主机备车指令,车铃声响起,"备车"指示灯闪光;在集控室按下"备车"按钮予以应答,车铃声停止,"备车"指示灯变为平光,进入备车状态。冲车和试车完毕后,可将主机的操作部位转到"驾驶台"位置。当船舶结束机动航行进入海上定速航行时:在驾驶台按下"定速"按钮,车钟声响起,"定速"指示灯闪光,发出海上定速航行指令;在集控室按下"定速"按钮,车铃声响停止,"定速"指示灯切换为平光,进入定速航行状态,同时自动取消备车信号。当船舶停泊后不再需要操纵主机时:在驾驶台按下"完车"按钮并在集控室按下"完车"按钮,在应答后,进入完车状态,"完车"指示灯平光指示。在副车钟操作过程中,备车、完车、定速这三个状态之间是互锁的。

在机旁、集控室和驾驶台上均设有红色标示为"EMERGENCY STOP"的应急停车按钮。当出现异常情况需要应急停车时,在任一位置可打开翻盖,按下应急停车按钮,都将通过主机安全保护系统可靠切断主机的燃油供给,强迫主机停车。当发生应急停车后,需在排除故障、将车钟扳回到停车位置或按下复位按钮进行复位后,主机才能再次启动。

在主机遥控系统中,可以在驾驶台操纵主机,也可以在集控室操纵主机,而且在自动遥控失灵的情况下,还可以在机旁应急操纵主机。在上述三个操纵部位中,机旁应急操纵的优先级最高,其次是集控室操纵,驾驶台操纵的优先级最低。为了确保安全,避免因操纵部位转换而产生扰动,在正常情况下,驾驶台和集控室之间的操纵部位转换要满足一定的条件,即集控室遥控车钟发出的正车、倒车或停车车令必须与驾驶台遥控车钟发出的正车、倒车或停车车令一致,否则操纵部位切换阀将被联锁机构锁定并无法切换。

按键式车钟

按键式车钟(PBT)位于机舱机旁控制台上,用于在机旁操作时与驾驶台或集控室进行传令联络,其面板结构如图11-6所示。按键式车钟的挡位划分与单手柄车钟完全一致,但按键式车钟是通过带灯按钮来进行传令操作和车令指示的。

按键式车钟没有主机操作指令的发信功能,因此它只是一个纯粹的传令车钟。当在机旁进行操作时,轮机员要通过机旁的主机应急操作装置来对主机进行手动操作。按键式车钟的左侧还设有一个试灯按钮和错向报警指示。

操作部位及其切换

主机遥控系统典型的操作部位包括驾驶台、集控室和机旁三个位置,主机的当前操作部位由车钟上相应的按钮灯指示。

"Bridge"按钮上的LED灯亮表示驾驶台操纵,此时主机将根据驾驶台操作手柄发出的指令由遥控系统进行自动遥控。当进行驾驶台操作时,车钟的传令功能将失效,但集控室和机旁车钟上挡位指示灯还将指示驾驶台手柄的位置。

"ECR"按钮上的LED灯亮表示集控室操纵,此时集控室和驾驶台之间的通信联络通过车钟系统进行。当驾驶台车令发生变化时,目标挡位的指示灯亮,同时蜂鸣器响。轮机员应首先回令(即把集控室车钟手柄移动到目标挡位,使蜂鸣器停响),然后通过"主机启/停与转速设定杆"(Start/Stop & Speed-set Lever)操纵主机,使主机达到车令要求的状态。

"Local"按钮上的LED灯亮表示机旁操纵,此时机旁与驾驶台之间可通过车钟系统建立通信联系。当驾驶台车令发生变化时,轮机员应首先通过机旁车钟的按键回令,然后通过机旁应急操纵装置对主机进行相应操纵。机旁应急操纵装置因主机类型而异,一般由主机气动操纵系统自带的手动控制阀和主机油量调节手柄或手轮组成。机旁操纵台如图11-8所示。

操作部位切换可通过带灯按钮的操作来实现。例如,从集控室转到驾驶台操作时,首先按下集控室车钟上的"Bridge"按钮,这将使集控室和驾驶台车钟上"Bridge"按钮的LED灯闪光并使蜂鸣器

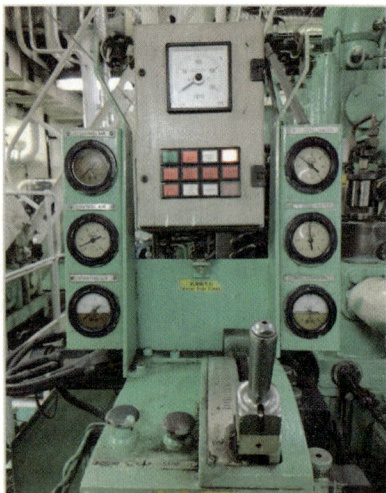

图11-8　机旁操纵台

响;然后在驾驶台按下"Bridge"按钮,两处"Bridge"按钮的LED灯变为平光,且蜂鸣器停响,"ECR"按钮的LED灯熄灭,操作部位切换完毕。其他切换与上述过程类似,但需要注意以下两点:

- 对于有侧翼操作台的系统,当需要进行侧翼操作时,还需进行驾驶台与侧翼操作台之间的操作转换。
- 在机旁与集控室之间进行转换时,还需根据气动操纵系统的具体情况进行其他操作,如进行气动阀件的转换操作和油门拉杆的离合切换等。

船上可以没有船员吗？

　　机舱集控室是安置主机和重要辅机的集中控制设备、测量设备、监视设备及必要的通信设施的舱室,如图11-9所示。轮机员在机舱集控室对机舱机械设备进行监视和控制。集控室设有主机操纵台、机舱集中监视与报警系统、阀门遥控系统、仪表盘台、船舶电站等设备。在主机操纵台可以对主机进行控制,主机操纵台及仪表盘台如图11-10所示;机舱集中监视与报警系统用于对机舱大部分设备的运行参数进行远程监视;阀门遥控系统用于对压载水、污水等管路系统的阀门进行遥控操作;仪表盘台用于对一些关键性的设备进行直观的监视和控制;船舶电站用于管理全船的电力系统。

图11-9　机舱集控室

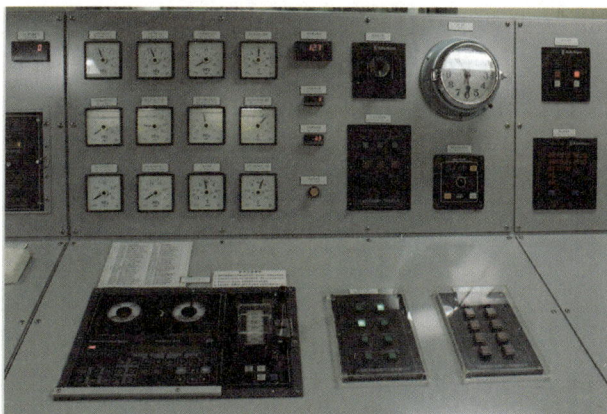

图11-10　主机操纵台及仪表盘台

无人值班机舱

由于控制系统的现代化和控制设备的可靠性,机舱可以在较长时间内无人值班。无人值班机舱是指在正常航行工况下,推进装置从驾驶室被遥控,且可自动监测机舱内机械设备运转状况,并将信息传送至驾驶室和轮机员居住区,而无须轮机员值班的机舱。机舱配置应满足 SOLAS 相关要求,并经设计评估和现场安装功能检验,船级社发给船舶的入籍证书中会备注无人机舱入级符号,如中国船级社(CCS)无人值班机舱的附加标志位为 AUT-0;英国劳氏船级社(LR)无人值班机舱的附加标志为 UMS(Unattended Machinery Space),美国船级社(ABS)无人值班机舱的附加标志为 ACCU(Automatic Control System Certified for Unattended Engine Room)。

为了在机舱无人照看期间确保机舱设备和船舶的安全,无人值班机舱的船舶必须具备以下基本功能:能够在驾驶台和集控室对主机进行遥控;辅助机械设备能在集控室进行遥控,其中有些设备还要能进行自动切换;机械设备的运行参数能够自动控制;能够对主机和辅助机械运行参数进行集中监测、记录、报警及故障保护;能够提供应急电力,包括自动启动备用发电机、自动实现同步并车、负载转移及解列,自动启动应急发电机向基本设备供电和提供应急照明;能够进行机舱及全船火警探测和自动灭火。

在实行无人值班机舱的船舶上,轮机长室和轮机员室都设有能对主要运行参数的故障报警和故障进行显示的装置。轮机员除了需要定期到机舱巡视检查外,不需要到机舱值班。只要把转换开关转到值班轮机员房间,值班轮机员在房间内就可以监视机舱内各种主要机械设备的运行情况。如果发生故障或出现不正常现象,则值班轮机员应下机舱进行必要的处理。

无人值班机舱船舶除了轮机员报警之外,还需要人员报警和延伸报警。三种报警之间的关系如下:值班轮机员在房间休息→机舱出现报警(延伸报警)→5 分钟内无应答→激发轮机员报警至值班轮机员室→值班轮机员下机舱查看→启动人员报警→30 分钟内无应答→延伸报警驾驶室或轮机员室、餐厅等。具体时间可按程序调整。

智能船

智能航行是指利用先进感知技术和传感信息融合技术等获取和感知船舶航行所需的状态信息,并通过计算机技术、控制技术进行分析和处理,为船舶的航行提供航速和航路优化的决策建议。在可行时,船舶能够在开阔水域、狭窄水道、进出港口、靠离码头等不同航行场景和复杂环境条件下实现船舶的自主航行。

智能机舱能综合利用状态监测所获得的各种信息和数据,对机舱内设备与系统的运行状态、健康状况进行分析和评估,为设备与系统的使用、操作和控制、检修、管理等方面提供决策支持。

智能机舱应具有以下基本功能:

- 对机舱内与主推进相关的设备和系统的运行状态进行监测。
- 基于状态监测数据,对设备和系统的运行状态、健康状况进行分析和评估。
- 根据分析和评估结果,提出合理的建议,为设备与系统的使用、操作和控制、检修、管理等方面提供决策支持。
- 主推进装置应能由驾驶室控制站远程控制,包括机舱集控站(室)在内的机器处所周期无人值班。
- 无人值班周期内,机舱内的设备及系统应能连续、正常地运行。

智能机舱还可基于对设备和系统的运行状态、健康状况的分析和评估结果,制订相应的维护保养计划,作为智能机舱的补充功能。

无人船

随着智能技术的快速发展和应用,船舶的自主化将成为未来航运发展的必然趋势。现行国际海事公约、规则、规范等技术标准是以船舶满足现有公约和法规的配员要求为前提制定的,不适用于未来船舶自主化的发展,因此急需制定适用于自主船舶的相应的技术标准。国际海事组织也充分意识到对自主船舶立法的重要性和迫切性。为保障水面自主船舶(MASS)航行的安全及环保运行,从第99届海安会起正式对水面自主船舶的法规进行梳理,现已建立法规梳理框架,并初步形成了自主船舶的定义及船舶自主水平的划分。MASS的自主化水平分为:

- 船舶具有自动化程序操作和决策支持功能。
- 船舶具备远程遥控功能,同时有船员在船。
- 船舶具备远程遥控功能,无船员在船。
- 船舶完全自主。自主船舶的发展是逐步的、阶段性的,即船舶自主化水平不断提高,船上所需人员不断减少,最终将实现船舶的无人自主航行。

登船注意事项

当观光人员登上货船或客船时，一定要注意个人安全、船舶安全、保持肃静和维护船舶卫生等。

1.个人安全

船舶不同于陆地，其空间狭小、障碍物多，观光人员一不小心就可能出现安全事故，所以一定不能在船上蹦蹦跳跳，或者嬉戏打闹。

2.船舶安全

在保证个人安全的同时，观光人员也要留意船舶安全。船舶即使在靠泊时，其上面的很多机器设备仍然在运行中，因此观光人员不能随意触碰船上的设备开关，只有在船上人员的指导下，才能对某些设备进行实际操作和演示。注意不能倚靠设备面板，尤其是背着双肩包时。

3.保持肃静

任何时候船上都有人在值班,有人在休息。因此观光人员在船期间应保持肃静,以免影响船上工作人员休息。

禁止喧哗

4.维护船舶卫生

保持卫生
Keep health

在船期间,观光人员应保持船舶卫生,禁止乱扔垃圾。船上对垃圾的管理非常严格,垃圾都是分类处理的,在港期间,禁止排放任何垃圾入海。

机舱安全须知

为了保证观光人员和设备的安全,进入机舱前请认真阅读"机舱安全须知"。

1.轮机是船舶的心脏,为了保证船舶安全和人员日常生活,无论在航行或靠泊期间,大部分机械设备都处于正常的工作状态,因此未经允许,禁止入内。

2.机舱内设备密集、空间狭小、楼梯窄且陡,因此进入机舱的人员,要戴好安全帽,禁止穿拖鞋、高跟鞋等,上、下楼梯时一定要扶好把手,防止跌倒或者摔落。

3.要服从工作人员的安排,禁止擅自行动。严禁擅自进入一些带有危险标识的场所,如封闭场所(可能会因缺氧等而导致窒息)。严禁跨越有"禁止跨越"标识的安全护栏。

143

4.机舱内有各种油柜、油舱,因此机舱内禁止烟火。

5.严禁擅自触摸各种设备,特别是正在运转的机械设备和电气设备,以防烫伤、夹伤或者触电。

禁止烟火

禁止触摸

当心机械伤人

有电危险!

6.严禁触碰机舱内(包括居住区走廊内)的任何按钮,以防设备意外启动或停止,导致全船失电或发生其他安全事故。

7.有儿童参观机舱内部时,请家长一定要照看好儿童,以免发生危险。

8.若机舱发生警报,一定不要惊慌。若机舱内因遇到火灾等危险而需要紧急撤离时,应按照工作人员的统一部署进行撤离。撤离路线都有相应的标识。

参考文献

[1] 黄连忠. 船舶动力装置技术管理[M]. 大连：大连海事大学出版社,2017.

[2] 李斌. 船舶柴油机[M]. 2版. 大连：大连海事大学出版社,2014.

[3] 张兴彪. 轮机概论[M]. 大连：大连海事大学出版社,2017.

[4] 张存有,李可顺. 轮机业务概论[M]. 2版. 大连：大连海事大学出版社,2014.

[5] 陈海泉. 船舶辅机[M]. 大连：大连海事大学出版社,2016.

[6] 李世臣. 海上轮机实习[M]. 大连：大连海事大学出版社,2010.

[7] DOKKUM K V. 船舶知识[M]. 孙丽萍,康庄,译. 哈尔滨：哈尔滨工程大学出版社,2015.

[8] 吴宛青. 船舶防污染技术[M]. 2版. 大连：大连海事大学出版社,2017.

[9] 吴志良. 船舶电站[M]. 大连：大连海事大学出版社,2012.

[10] 赵殿礼,张春来,赵楠楠. 船舶电气设备与系统[M]. 2版. 大连：大连海事大学出版社,2017.

[11] 林叶锦. 轮机自动化[M]. 2版. 大连：大连海事大学出版社,2019.